广告创意与表现

主　编　余　玮　李　洁　熊　琪
副主编　胡颖婕　瞿振东　欧阳摖宝

合肥工业大学出版社

图书在版编目（CIP）数据

广告创意与表现/余玮，李洁，熊琪主编.－－合肥：合肥工业大学出版社，2025
ISBN 978－7－5650－6734－1

Ⅰ.①广…　Ⅱ.①余…　②李…　③熊…　Ⅲ.①广告学－高等学校－教材　Ⅳ.①F713.80

中国国家版本馆CIP数据核字（2024）第075757号

广告创意与表现

余　玮　李　洁　熊　琪　主编　　　　　　　　　责任编辑　郑　洁

出　版	合肥工业大学出版社	版　次	2025年7月第1版
地　址	合肥市屯溪路193号	印　次	2025年7月第1次印刷
邮　编	230009	开　本	889毫米×1194毫米　1/16
电　话	基础与职业教育出版中心：0551－62903120	印　张	10
	营销与储运管理中心：0551－62903198	字　数	260千字
网　址	press.hfut.edu.cn	印　刷	安徽联众印刷有限公司
E-mail	hfutpress@163.com	发　行	全国新华书店

ISBN 978－7－5650－6734－1　　　　　　　　　　　定价：48.00元

如果有影响阅读的印装质量问题，请联系出版社营销与储运管理中心调换。

广告作为现代商业传播的重要手段，在推动经济发展、引领消费趋势、塑造品牌形象等方面发挥着越来越重要的作用。广告创意与表现，作为广告传播的灵魂和核心，更是关系到广告效果的关键所在。如何在纷繁复杂的传播环境中，以创新的思维、精巧的表现吸引受众眼球，打动受众心灵，进而实现营销目标，这已成为广告行业的重要命题。

《广告创意与表现》立足于广告传播实践，系统梳理了广告创意与表现的基本理论、方法与技巧，力求为广告创意人才的培养提供理论指导与实践借鉴。

本教材以"理论联系实际、学以致用"为宗旨，在夯实理论基础的同时，注重实操方法与技巧的介绍。为适应数字化学习需求，本教材特别设置了二维码视频资源，通过扫描即可观看动态案例解析、创意过程解析等，构建立体化知识体系。全书共分8章，全面涵盖广告创意的知识点：第1章概述广告创意的内涵、特征与产生过程等；第2章探讨媒体环境对广告创意的影响，分析不同媒体的特点与创意要求；第3章阐述广告创意的基本原则，如简明性、通俗性、差异性、形象化、关联性和真实性等；第4章系统论述广告创意思维方法，如水平思维、逆向思维等；第5章、第6章分别就广告创意的设计要素、版式设计进行专题探讨；第7章重点介绍各类广告创意的表现形式，如名人表现法、幽默表现法等；第8章展望人工智能技术在广告创意与表现中的应用前景，探讨人工智能技术给广告创意带来的冲击与机遇。从数据驱动的创意生成，到个性化广告投放，再到AI赋能的创意表现，为读者呈现了广告创意的未来图景，引发读者思考。每一章均配有丰富案例，通过案例分析帮助读者加深对理论知识的理解，并提炼可操作的实践要点。

本教材为校企合作教材，卓恒文化集团（江西）有限公司董事长欧阳掭宝先生等广告从业人员参与了本教材的编写工作，注入了鲜活的实战经验与前沿理念。

　　当前，广告行业正面临数字化、智能化的革命性变局，唯创新求发展，方能立于潮头。站在变革的十字路口，唯有以创新的理念、专业的素养、过硬的本领应对挑战，方能抓住先机、赢得未来。衷心希望读者能从本教材中汲取创意之源，拓展创意之路，在瞬息万变的传播格局中砥砺前行，谱写广告创意的崭新篇章！

　　最后，谨以本教材献给所有矢志于广告创意事业的追梦人。让我们携手同行，砥砺奋进，以更加开放的理念、更加前沿的视野、更加精妙的创意，为广告行业的发展贡献自己的一份力量！

编　者

2025年3月于南昌

目 录

第1章　广告创意概述

在广告的世界中，创意是推动品牌信息传递、触动消费者情感并最终促成销售的关键动力。本章将全面介绍广告创意的基本概念、重要性以及如何通过创意策略有效地连接品牌与消费者。

1.1　奇妙的广告

奇妙的广告

广告，这个伴随我们日常生活的信息传播方式，究竟是怎样的存在？是艺术，还是纯粹的商业行为？通过本节的学习，我们将探索广告的多面性及其背后的创意世界。

广告是现代商业社会中不可或缺的一部分，其目的是吸引消费者的注意力，影响他们的购买决策。而奇妙广告则是广告创意的最高境界，它们以独特的创意和表现形式，给人们留下了深刻的印象，成为了经典。

1.1.1　广告的艺术性与公益性

广告将艺术性与公益性相结合，不仅能够增强信息传达效果，还能深化广告的社会价值。艺术性是指广告创作中的创意表达、视觉美感和叙事技巧等元素，能够使广告作品引人入胜、令人难忘。公益性则强调广告传达的社会责任感、倡导正面价值观以及促进公共利益的目的。当艺术性与公益性相结合时，广告就能够在美学和社会伦理层面上产生强烈的共鸣，激发社会的正能量。

以庆祝中国共产党成立95周年而推出的公益广告《我是谁》为例，它不仅是对中国共产党"全心全意为人民服务"的根本宗旨的深情致敬，也是对广告艺术表现力的充分展示。艺术性的运用不仅增强了信息的传递效率，更重要的是通过情感的桥梁，让公益信息深入人心，促使社会公众对广告背后的深层意义进行反思和讨论。

艺术性与公益性的融合，在广告中的应用远不止于此。例如，环保广告常利用震撼的视觉效果和引人深思的叙事，唤起公众对自然保护的关注；健康宣传广告则通过温馨、鼓舞人心的故事，增强公众的健康意识。

广告的艺术性与公益性是相辅相成的。通过将两者有效结合，不仅能够提升广告作品的艺术价值和社会影响力，还能够促进公众对于社会问题的关注和参与，进而为构建和谐社会贡献力量。在广告的世界中，艺术性与公益性并不是孤立存在的。比如前面提及的公益广告《我是谁》，通过展现普通人的日常生活，体现了中国共产党"全心全意为人民服务"的根本宗旨。这则广告通过平凡的人物形象和生动的艺术表现手法，深刻触动了观众的情感，体现了广告艺术的力量。

1.1.2　商业广告的普遍性与受众情感

相对于公益广告的高尚情怀，商业广告更贴近日常生活，其目的在于促销和品牌建设。例如，泰国的"Hero垃圾袋"的商业广告，通过幽默诙谐的方式介绍"Hero垃圾袋"，以其独特的创意和艺术化处理吸引了广大消费者的注意。

商业广告通过贴近日常生活的场景、语言和情感来与受众建立联系。这种方法不仅可以降低消费者对广告的抵触感，还可以增强品牌形象的亲和力。在创意方面，商业广告往往通过夸张、拟人化、意外反转等手法，将产品的特性和优势以艺术化的形式呈现出来，使广告本身成为一种视觉和情感上的享受。

商业广告的普遍性与受众情感之间存在着密切的联系。通过巧妙地结合日常生活元素、情感表达方式和创意艺术化的处理，商业广告能够有效地促进产品销售和品牌形象建设，为消费者带来视觉和情感上的体验。

1.1.3　广告的本质与功能

广告是一种通过媒介向受众广泛传递特定信息的宣传手段，一直以来都在商业领域中扮演着至关重要的角色。它是一种简单的信息传播活动，更是一种充满创意和策略性的综合行为。从广告策划到创意构思，再到媒介选择，每一个环节都凝聚着广告人的智慧和汗水。

策划是广告活动的核心，是整个广告流程的起点和基础。创意是广告的灵魂，决定了广告能否吸引受众的注意并留下深刻印象。媒介选择是广告传播的关键环节。不同的媒介具有不同的特点和受众群体，选择适合的媒介对于广告效果至关重要。广告是一种综合性、有组织的行为，它需要专业的知识和技能，更需要创新思维和敏锐的市场洞察力。在未来的发展中，随着科技的不断进步和受众需求的不断变化，广告行业将面临更多的挑战和机遇。

1.1.4　广告的分类

根据目的的不同，可以将广告分为营利性和非营利性广告。商业广告主要以营利为目的，通过宣传商品或企业形象来促进销售。公益广告则不以营利为目的，旨在提供免费服务，增强公众的意识。

（1）营利性广告

营利性广告，又称为商业广告，是最常见的广告类型，主要目的是直接或间接促进销售，从而实现利润最大化。这类广告由企业或个体工商户投放，涉及广泛的产品和服务领域，从快消品到汽车、从金融服务到旅游等。

其特点是以销售为导向，明确促销目标，旨在短期或长期增加产品的市场份额。品牌建设，通过塑造独特的品牌形象和品牌价值观来吸引消费者。竞争策略通常涉及比较广告，突出自身产品的优势以区别竞争对手。营利性广告形式多样，包括电视广告、广播广告、网络广告、印刷广告等，每种媒介都有其独特的策略和受众。

（2）非营利性广告

非营利性广告，也就是公益广告，其主要目的不是为了获得商业利益，而是为了增强公众意识、促进社会福利或鼓励行为改变。这类广告通常由政府机构、非营利组织或社会团体等发起。

其特点是以增强公众意识为导向，旨在教育公众，提升公众对某些社会、健康、环境问题的认识；倡导行为改变，鼓励公众采取或改变某种行为模式，如禁烟、环保、健康饮食等。公益广告不以营利为目的，不追求商业利润，而是聚焦于公共利益和社会改善。公益广告应用范围广泛，可以在电视、广播、互联网、户外广告牌等媒介上看到。

1.2 广告心理学

广告往往通过出人意料的元素、创造性的视觉效果和独特的叙事方式吸引受众的注意力。这类广告背后的心理学基础在于它能够激发受众的好奇心、惊讶感和记忆深刻的体验。心理学研究表明，当人们遇到与众不同、新奇或意想不到的事物时，他们的大脑会产生更多的多巴胺，这种"快感"神经递质能够增加信息的吸收和记忆力。

广告之所以有效，是因为它们打破了人们对日常广告的预期，提供了一种新鲜感和探索的愉悦。这种打破常规的方法不仅能够立即抓住受众的注意力，而且有助于提高品牌的辨识度和好感度。从心理学的角度看，这种广告创造了一种"认知冲突"，迫使受众重新评估他们先入为主的观念，从而更深刻地处理和记忆广告信息，巧妙地运用了一些心理学原理。

（1）新奇性原理

在广告领域，新奇性原理是指当广告展示不寻常或意想不到的元素时，能够更有效地吸引受众兴趣，并留下深刻的印象（图1-1）。

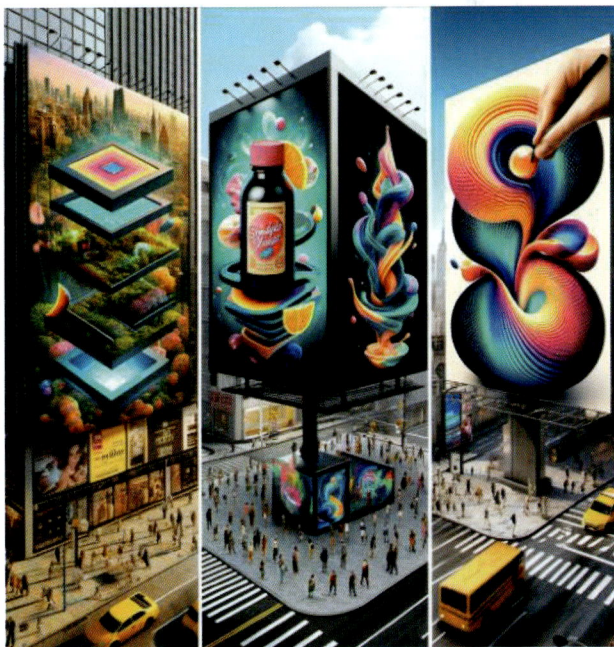

图1-1 新奇性广告示意图
（图片来源：AIGC生成）

（2）对比性原理

对比性原理是一种强大的视觉和心理策略，广告行业常用它来吸引和保持受众的注意力。对比性原理基于一个基本的心理学观点：人的大脑更容易识别和记忆与众不同的事物。当广告在视觉上或内容上与其他广告形成鲜明对比时，它更有可能引起注意并被记住。

① 视觉对比。颜色对比，通过使用鲜明的颜色对比，如黑白配色方案中加入一抹鲜艳的颜色，可以立即吸引观众的注意；大小对比，通过大与小的对比，强调广告中的关键元素或信息；形状对比，使用不规则或异形设计与常规形状形成对比，增加视觉的趣味性（图1—2）。

② 内容对比（情境对比）。在不寻常或意外的背景下展示产品，例如在冰天雪地中展示夏季沙滩用品（图1—3）。

③ 概念对比，通过对立的概念（例如传统与现代、自然与科技）进行对比，强调产品的独特性。

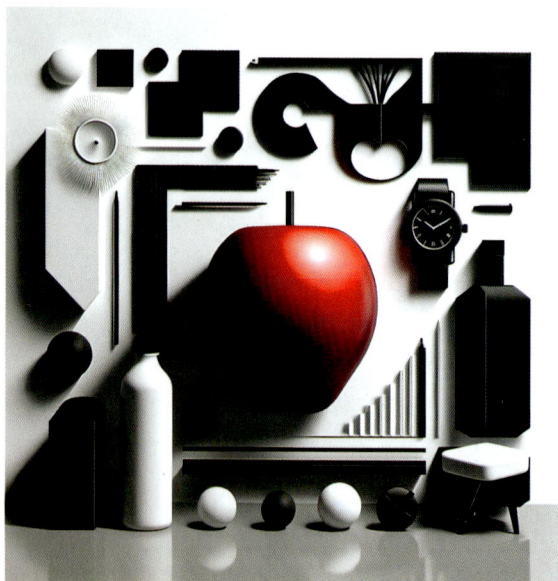

图1-2　视觉对比示意图
（图片来源：AIGC生成）

图1-3　内容对比示意图
（图片来源：AIGC生成）

④ 文化对比。它主要是指地域文化元素的对比，结合不同地域或文化的元素，创造出跨文化的视觉和信息传达，增强广告的全球吸引力（图1—4）。

通过详细讨论对比性原理在广告中的应用，可以帮助读者理解如何通过创意和策略让广告更具冲击力和记忆点。这不仅有助于广告设计，还能提升广告的整体效果和效率。

（3）情感共鸣原理

情感共鸣是指通过广告唤起受众的情感反应，进而强化广告信息的影响力和记忆度。人们对情绪内容的反应更为强烈且持久，因此，能触动情感的广告往往更能留存于受众心中。通过讲述感人的故事或展现令人向往的生活方式，广告创造了与受众情感的连接，激发了他们的共鸣。

讲述故事是连接受众情感的一种强有力方式。通过描绘充满情感的场景，如家庭团聚、爱情故事、个人挑战的克服等，引发受众的同理心和情感投入。这种情感的触动不仅能够加深品牌印象，还能增强品牌信息的传递效果。

广告中展现理想化的生活方式可以激发受众的向往和情感共鸣。无论是展示奢华的生活场景，还是简单而真实的家庭快乐时光，这些画面都能引起受众情感上的共鸣，使他们与广告中的情境或产品产生情感联系（图1-5）。

图1-4　文化对比示意图（图片来源：AIGC生成）

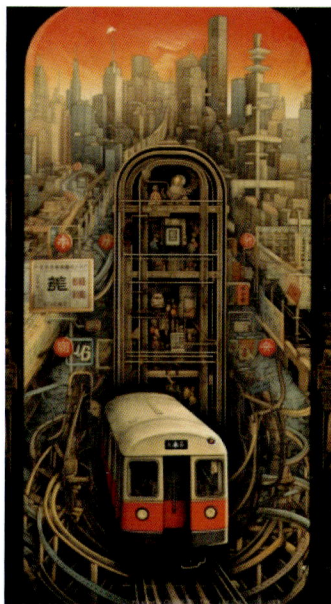

图1-5　快乐时光（图片来源：AIGC生成）

成功的广告不仅仅是传递一个简单的信息或销售一个产品，它们更是一种情感的投射和共鸣。广告中情感的多样性是吸引消费者、增强品牌认知度和驱动购买决策的关键因素之一。

例如，一则温馨感人的广告可能会激发受众的同理心（图1-6），使他们更加认同品牌或产品的价值观。而一支充满活力和激情的广告则可能激发受众的热情和动力，促使他们采取积极的行动。

图1-6　温馨广告示意图（图片来源：AIGC生成）

图1-7　文化共鸣示意图
（图片来源：AIGC生成）

在广告创意中，情感的多样性与情感策略的运用相辅相成。巧妙地运用情感策略，不仅能吸引受众的注意，还能触动他们的心灵，从而建立品牌与受众之间的情感联系和信任。

广告中包含的文化元素、价值观和情感表达需要与目标市场的文化预期和情感反应相匹配（图1-7）。有效地应用情感共鸣原理能使广告由简单的信息传递工具转变为一种强有力的情感表达方式。情感共鸣类广告能帮助品牌在竞争激烈的市场中突出其独特性并建立深厚的客户关系。它能够深入人心，并在受众潜意识中留下持久的品牌形象。

下面我们来分析一则经典的奇妙广告案例，看看它是如何运用心理学原理，达到奇妙的效果的。

IKEA（宜家家居）的《Book》广告通过模仿科技产品广告的风格，宣传其传统的产品目录（图1-8）。这个广告巧妙地运用科

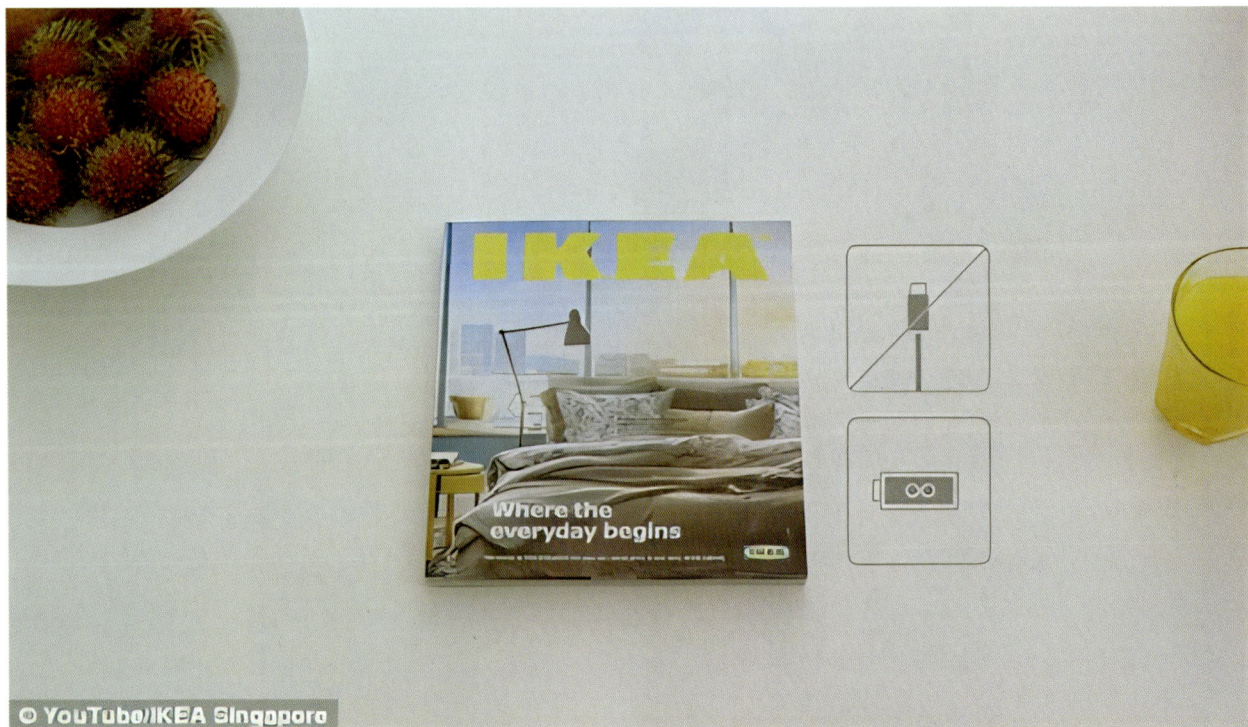

图1-8　《Book》（图片来源：https://www.163.com/dy/article/DNDECEG40517DQ7F.html）

技广告的语言和呈现方式，对比传统纸质目录的"功能"，以幽默和夸张的手法展现了其对数字化生活方式的思考。

通过经典案例的分析，我们可以看到，奇妙广告之所以能够成为经典，是因为它们在创意、叙事和视觉表现上的独到之处，以及它们与受众心理的深度互动。创作奇妙广告的关键在于理解受众的期望和心理反应，通过创造性的思维和技巧，打造出能够触动人心、留下深刻印象的广告作品。

1.3 让广告起飞的创意

广告创意是在广告制作过程中应用创新思维来设计和实施独特的广告宣传。它结合了艺术表现和营销策略，旨在通过吸引人的方式传达品牌核心信息，从而激发目标受众的兴趣和行动。广告创意不仅限于视觉艺术，还涉及语言运用、情感激发及互动体验创造，以确保广告能够在众多竞争中脱颖而出，达到促进销售、增加品牌知名度和影响力的目的。

让广告起飞的创意

在广告的浩瀚海洋中，创意如同一股清新的空气，使品牌和产品在消费者的心中留下深刻印象。通过精心的创意设计，广告不仅传达了信息，还赋予了品牌独特的情感和价值。

例如，农夫山泉的广告以独树一帜的创意而闻名。早在1998年，农夫山泉就通过简单却富有吸引力的广告语"农夫山泉有点甜"走入人心，利用甜味这一独特属性来强调水源的优质，成功地在消费者心中建立起品牌形象。

随着时间的推移，农夫山泉不断深化其广告创意，例如"我们不生产水，我们只是大自然的搬运工""什么样的水源孕育什么样的生命"，通过强调天然和健康的理念，进一步巩固了其市场地位。

在当今竞争激烈的商业环境中，单靠产品质量或服务优势已经不足以确保品牌的市场领先地位。创意与策略的完美结合成为品牌突出重围的关键。本节将介绍如何将创意与策略结合应用于实际广告中，并提供一些行之有效的方法和案例。创意是广告的灵魂，它能够捕捉消费者的注意力，激发其兴趣，影响其情感，最终驱动其行为。一个成功的广告创意通常具备以下特点。

- 记忆性：易于被受众记住和识别。
- 独特性：与众不同的视觉或语言表达方式，使品牌形象鲜明。
- 相关性：与目标受众的需求和期望紧密相连。

广告创意的策略是确保创意能够有效转化为实际成果的框架。它涉及市场研究、竞争分析、目标设定和资源配置等方面，需确保广告投放的精准性和效率。其核心要素包括：市场定位，明确品牌的市场位置和目标消费者；品牌信息，即清晰的品牌信息传递，确保信息传递的一致性和连贯性；渠道选择，选择最合适的媒介渠道以达到最优的广告效果。

1.4　广告创意的特征

广告创意的特征

广告创意是广告设计和制作过程中最为核心和富有挑战性的部分。它不仅需要原创性和吸引力，还需要能够有效传递信息并触动目标受众的情感。本节将介绍广告创意的四个主要特征：主题明确、艺术性、形象贴切以及限制性。

（1）主题明确

广告创意首先要围绕一个清晰的主题来展开。无论是公益广告还是商业广告，都需要一个明确的核心主题来引导整个创意过程。这个核心主题不仅是广告信息传递的基础，也是吸引和维持受众注意力的关键。一些成功的广告案例，无论公益广告还是商业广告，都展示了以清晰主题为中心的重要性。

在广告创意的世界里，一切都始于一个清晰、明确的主题。无论是促销产品还是提升品牌形象，一个鲜明的主题都是成功吸引目标受众的第一步。主题明确性确保了广告信息的准确传达，让受众在短时间内理解广告的核心内容。它像是广告创意的指南针，保证整个创意过程不偏离预定目标。

（2）艺术性

广告创意通过艺术的形式来表达信息，利用视觉和听觉元素来增强广告的吸引力和感染力。艺术性体现在广告的设计、色彩运用、音乐选择等方面，它使广告不仅能传递信息，还能提供审美体验。

例如天猫"双11"广告片《到生活里去》，可以看到广告艺术性的展现（图1-9）。其画面结合了鲜明的色彩、独特的字体、温柔的声音和想象力丰富的视觉元素。它在传递产品优点的同时，还创造了一种美学共感，与观众产生情感上的共鸣。它表达了生活的美好呈现在方方面面，融化在那些具体的人和实在的事之中。比如散发着诱人香气的床单，或是热腾腾的螺蛳粉，又或是母亲熟悉的声音、猫咪柔软的绒毛，这些都是我们触手可及、平淡而真实的瞬间。每一个平凡的现在，每一个日常的细节，都构成了具体而真挚的美好生活。

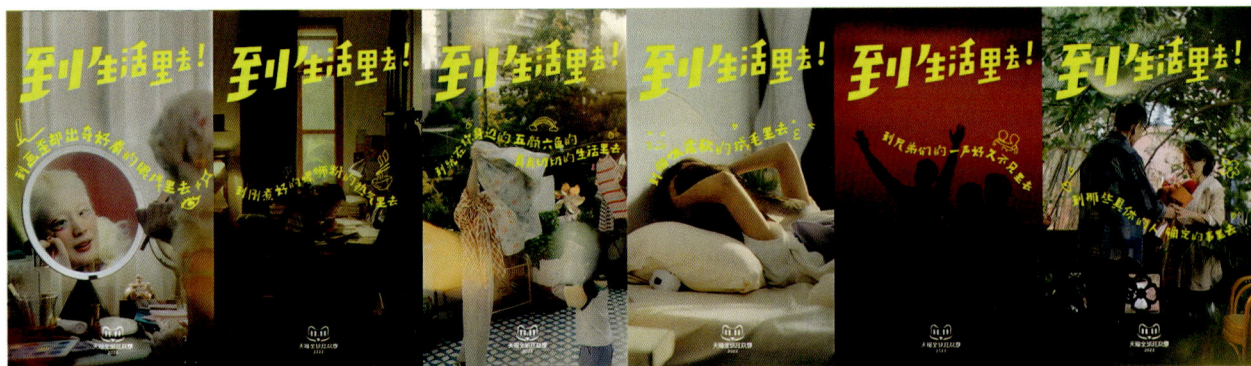

图1-9　《到生活里去》（图片来源：https://www.digitaling.com/）

这一案例强调了广告不仅是销售产品的工具，更是一种艺术形式，通过创意和设计来讲述故事、传达情感和价值观。

广告的艺术性体现在其创意表达上，它通过美学的视觉和听觉元素吸引受众的注意力。艺术性可以是一幅画面、一段音乐，或是一种独特的叙述方式，它给广告增添了感情色彩，使信息传递不再枯燥。艺术性的广告能够创造情感共鸣，建立起受众与品牌之间的情感联系。

（3）形象贴切

广告中的形象设计应贴合主题，无论是图像、文字还是声音，都应与广告所要传达的信息和品牌形象紧密相关。形象贴切可以增强广告的辨识度，让目标受众更容易接受和记忆。

形象贴切，强调广告中使用的图像、文字和声音等元素必须与广告主题紧密相连，确保广告形象与所要传达的信息一致。这不仅增强了广告的可信度，也提高了受众的接受度。一个贴切的广告形象能够深入人心，让受众在无形中记住品牌和产品。

如泰国酸奶品牌Delight广告片：大声却生硬地说爱你。该广告将亲密关系间直率的交流与低糖的卖点巧妙地结合起来。该广告片分别从情侣、朋友和家人入手，在声音元素方面使用直率、生硬的语气大声交流，给人以强势的感觉，声效冲击力极强。但仔细听内容，却发现表达的都是关心和爱意。其广告封面文字采用倾斜排版，展现声音的放大效果；字体则选择粗壮字体，进一步展现语气的重量感。

这些不那么甜蜜却充满爱意的表达，与低糖但高品质的Delight酸奶产生了奇妙的联系与呼应。正如广告语所说：不是很甜，但真的爱你。

（4）限制性

创意过程受到多种因素的限制，包括广告主的要求、媒介的特点以及广告本身所要传递的信息。这些限制条件对广告创意提出了挑战，但同时也激发了创意人员的创新思维。

广告创意的限制性可能来源于广告主的特定需求、媒介的特性限制以及信息本身的特定要求。这些限制对于广告创意来说，既是挑战也是机遇，它促使创意人员在有限的条件下发挥无限的创造力，找到最佳的创意表达方式。

《500个家乡》是快手近年来的重点内容IP（图1-10）。快手希望以此IP呈现平台用户热爱生活与家

图1-10 《500个家乡》（图片来源：https://www.digitaling.com/）

乡，以及品牌普惠的价值观。同时，强化"500个家乡"IP的行业影响力，以及快手品牌与家乡的绑定认知。提升快手"500个家乡"IP在全网的影响力，提升快手平台的知名度与美誉度。挖掘优质快手创作者与用户为家乡发声，促进快手站内生产，提升社区活跃度。该案例的限制性就在于品牌与家乡的绑定认知。

1.5　广告创意的产生过程

广告创意的产生过程

广告创意是广告活动的核心所在，是吸引消费者注意力、传递品牌理念的关键因素。那么，优秀的广告创意是如何孕育而生的呢？广告大师詹姆士·韦伯·扬在他的著作中，将广告创意的产生比喻为一场神秘的冒险旅程，同时也是一个有序且可控的操作技巧，就像生产线上生产汽车一般。

（1）准备和调查阶段（收集资料）

广告创意的产生始于充分的准备和调查阶段。这个阶段需要创意者广泛收集和分析与创意相关的特定资料及一般资料。

特定资料主要涉及产品、服务、目标消费者及竞争对手等因素，创意者需要对这些要素有全面深刻的了解。比如了解产品的功能、卖点和使用场景，分析目标消费者的心理和行为特征，研究竞争对手的营销策略等。

此外，创意者还需收集一般资料，以生活素材和知识作为其重要的灵感来源。善于观察生活，从日常生活中发现创意线索，是培养创意思维的重要方式。优秀的创意者往往善于发现生活中看似平凡的细节，并赋予其全新的意义。

例如我国台湾地区的广告《没事多喝水》，以人们喝水时自然抬头的习惯为创意点，挖掘喝水抬头能够观察到平常不被注意的斜上方视角，从而避免灾祸的视觉效果，突出主题"多喝水，能救命"。

（2）分析阶段

在收集足够的资料后，进入分析阶段。分析阶段的目标是找出产品或服务能够吸引消费者的关键点。具体来说，需要分析商品与竞品的区别，列举商品的独特属性、优点和特征。同时还要从不同角度剖析商品的各个方面，找出最具吸引力的卖点。通过对所收集资料的细致分析和提炼，确定广告的核心诉求点和消费者感兴趣的焦点所在。

例如2024年珀莱雅母亲节广告《听见了吗》，通过对母亲视角的调查及数据分析，倾听母亲的真正需求，进而推出广告片主题"听见她想要的，也听见她不想要的"（图1—11）。

（3）酝酿阶段

酝酿阶段是对相关资料分析之后，为提出新创意进行心理准备的阶段。在这一阶段，创意者可能会进行深度思考，甚至达到废寝忘食的境地。创意者可以通过各种活动来激发自己的想象力和创造力，例如听音乐、看电影或阅读，以促进灵感的产生。创意往往需要一个缓冲的过程，在放空大脑和无意识思考中逐渐酝酿，等待豁然贯通的那一刻。

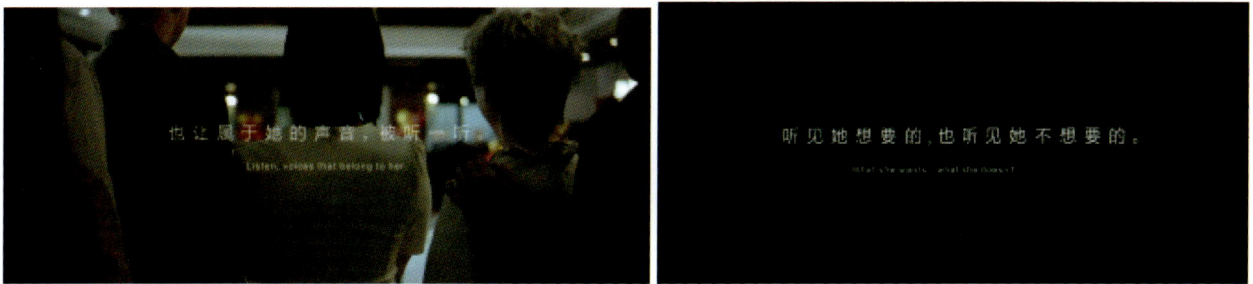

图1-11　《听见了吗》（图片来源：https://www.digitaling.com/）

（4）广告创意的产生阶段

经过充分的酝酿之后，创意思想会突然闪现，这就是广告创意的产生阶段。这个阶段常常伴随着突发式的醒悟和偶然性的获得，创意者可能会在最不经意的瞬间得到灵感。创意的产生往往是一个恍然大悟的过程，源于无意识思维的集中爆发。因此，创意者需要时刻保持警觉，随时捕捉到思维的火花，并迅速将其记录下来。

（5）评价决定阶段

刚产生的创意往往是粗糙、不完整的，需要创意者进一步细化和完善。在这个阶段，创意需要经过严格的内部评审和外部评估。最终选出最佳的创意方案付诸实施。优秀的创意不仅需要新颖独特，更需要符合品牌定位、传达恰当的主题，并具备可执行性。

通过以上五个阶段，我们可以看到广告创意的产生绝非一蹴而就，而是一个循序渐进、潜移默化的系统过程。广告创意既需要灵感的点燃，又需要以科学的调研和分析作为基础；既需要无拘无束的想象力，又需要严谨的评判和打磨。只有将这五个阶段相互贯通、环环相扣，才能最终孕育出富有创意灵魂和市场竞争力的优秀广告作品。

第2章　广告与媒体

在广告传播中，媒体选择是一个至关重要的环节。恰当的媒体选择可以让广告信息精准触达目标受众，实现预期的广告效果。那么，广告主在选择媒体时需要考虑哪些因素呢？下面将从广告目标、目标受众、产品特点、目标市场和广告预算五个方面，深入探讨影响广告媒体选择的关键因素。

2.1　广告媒体选择的因素

广告的媒体选择

（1）广告目标

广告目标是广告主期望通过广告实现的预期结果，是广告媒体选择的首要考量因素。只有明确广告所要达成的目标，才能有的放矢地选择最契合的媒体形式。在商业广告中，广告目标可能是推广新产品、打开新市场、提升品牌知名度等，最终目的是营利。而在公益广告中，广告目标则是为了传递正面价值观、引导社会风尚，最终目的是实现社会效益。

（2）广告受众

广告受众是广告信息的接收者，是广告主希望通过广告传播影响和说服的目标群体。在媒体选择时，必须充分了解目标受众的媒体接触习惯和偏好，选择能够高频触达目标受众的媒体形式。

以梅赛德斯-奔驰GLK级豪华中型SUV（图2—1）在北京上市的广告投放为例。该车型锁定的目标客户为25～40岁的中高收入男性，多从事房地产、金融、IT等行业，追求高品质生活，热衷彰显身份。基于受众画像，奔驰选择在17家目标受众关注度高的网络媒体（包括门户网站、视频网站、垂直网站等）投放富媒体广告。广告曝光量超过1600万次，点击量突破40万次，充分体现了媒体选择与受众习惯的高度匹配，取得了良好的传播效果。

图 2-1 梅赛德斯-奔驰 GLK 级豪华中型 SUV 广告
（图片来源：https：//news.16888.com/a/2015/1204/2582740.html）

（3）产品特点

不同的产品有着不同的属性特点，需要选择能够最大程度展示产品特性、激发消费欲望的媒体形式。一般而言，针对功能复杂、需要详细说明的产品，可以选择平面类媒体，如报纸、杂志等。针对外观炫酷、性能出众的产品，视听类媒体如电视、视频网站等则能创造更直观的感官冲击。

我们通过一则宝马汽车的广告来感受产品特性影响媒体选择的奥妙。广告情境设置在狭小的停车位上（图2—2），两位车主面临同样的困境：无法从车内舒适地走出。其中，年轻女性凭借一番令人惊叹的瑜伽动作才得以"解脱"，而绅士则从容地用智能钥匙遥控泊车，轻松应对难题。这则广告生动展现了宝马汽车的便利功能，让观众产生强烈的代入感和购买

图 2-2 宝马汽车的广告
（图片来源：AIGC 生成）

冲动，视听媒体无疑是其最佳的表现形式。

（4）目标市场

广告的目标市场是指广告所面向的地理区域范围。不同媒体的覆盖面和到达率差异明显，需要根据广告的目标市场来甄选合适的媒体组合。例如，一款面向全国市场的产品，可以考虑中央广播电视总台、主流门户网站等覆盖面广的媒体；而一款面向地方市场的产品，则应选择本地电视台、都市报等区域性媒体。此外，电视媒体与广播媒体也各有千秋：电视媒体声情并茂，感染力强，而广播媒体则灵活便捷，随时随地可接触。因此，媒体选择要立足产品的发展规划，既要让广告广泛传播，又要避免资源浪费。

例如《红楼梦》林黛玉一角因其说话"阴阳怪气"的方式在互联网引起热议。不少年轻人用林黛玉口吻描述生活中的难过时刻。锐澳RIO鸡尾酒抓住这一热潮，化身职场人"嘴替"，利用黛玉的形象巧妙地将微醺的品牌形象植入消费者心中。以一种"淡淡的幽默"的方式对职场生活进行吐槽式的回击，贴合了当代年轻人面对"职场小插曲"时的心理，让品牌与消费者在快节奏的职场生活里形成共鸣。因该品牌目标市场是年轻人，范围并不广泛，故选择在热门社交平台进行投放。

（5）广告预算

广告预算是指广告主投入广告制作和发布的资金总额，是影响媒体选择的现实因素。一般而言，大企业的广告投入较为充足，可以采取多媒体组合策略，在高曝光的黄金时段和版面进行立体式宣传；而中小企业受预算所限，则需要根据资金状况选择性价比最优的媒体形式和投放时机，用有限的预算创造最大的传播效果。

我们以一则SPIN肥皂粉的平面广告为例（图2-3），学习如何在广告预算紧张的情况下，通过创意手法来引起消费者的注意。作为本土品牌，SPIN难以与跨国品牌竞争高昂的电视广告资源。于是，该广告团队决定利用报纸媒体独特的可触及性，与印刷厂合作，在广告版面加入肥皂粉的实际香味。当读者翻阅报纸时，仿佛闻到了衣物上散发的清新气息。这则创意广告别出心裁地利用报纸媒体的特性，通过嗅觉体验直击消费痛点，以较低的成本取得了良好的传播效应，为中小企业广告媒体的选择提供了全新的思路。

综上所述，广告媒体的选择需要综合考虑广告目标、目标受众、产品特点、目标市场和广告预算等多重因素。只有深入分析以上要素，权衡利弊，才能做出最优决策，让广告信息精准触

图2-3　SPIN肥皂粉广告

（图片来源：https://zhuanlan.zhihu.com/p/127142516）

达、充分引爆，最大化地实现广告投放的价值。在具体实践中，应根据具体情况灵活选择媒体组合，让广告创意在最契合的媒体形态中绽放异彩。

2.2　报纸媒体广告

报纸媒体广告

报纸作为一种传统媒体，曾经是人们获取信息的主要渠道之一。在一些经典的电视剧中，我们经常可以看到主人公通过在报纸上刊登广告的方式来传递信息。这其实反映了一个事实，那就是在新媒体盛行之前，报纸广告曾经经历过辉煌时代。

在过去相当长的一段时间里，我国的报纸广告呈现出持续增长的态势。不过，随着新媒体的崛起，报业由于收入来源单一，加之经营问题的困扰，报纸广告的效果也每况愈下。尽管如此，报纸广告仍然有其独特的优势。

第一，覆盖面广，传播速度快。通常情况下，报纸尤其是全国性的综合类报纸发行量大，拥有相对稳定的读者群体，因此广告的覆盖面比较广泛，且见报速度快。

第二，文字表现力强。一般认为，优秀的报纸广告只需一句话就能将事情讲清楚。这体现了报纸广告在文字表现力上的优势。

第三，权威性和公信力强。读者普遍认为报纸具有一定的权威性，因此刊登在报纸上的广告也被认为是可信的。

第四，版面灵活，制作简单。相比其他广告形式，报纸广告的制作周期短，程序简单，版面编排也较为灵活，广告主可以根据实际情况进行及时调整。

第五，价格相对较低。和其他媒体广告相比，报纸广告的价格比较低廉，是中小企业进行推广时值得考虑的选择。当然，随着广告业的发展，一些新兴广告媒体在价格和效果上也有着自己的优势。

报纸广告的局限性主要体现在以下几个方面：

第一，有效时间短。报纸是一次性的阅读媒介，读者一般不会反复阅读同一则广告，广告平均有效期只有1～2天。

第二，广告易被忽视。由于版面信息量大而杂，单个广告容易被淹没，无法引起足够的关注。

第三，产品展示受限。作为平面媒体，报纸广告只能通过文字和图片来展示产品特点，无法做到实物展示。

第四，印刷效果不佳。与杂志等其他平面媒体相比，报纸的印刷精美度有待提高。不过，近年来彩印报纸的普及，使这一劣势有所改观。

总的来说，作为一种传统的媒体广告形式，报纸广告既有其独特的优势，也存在一些局限性。广告主在选择时，应当根据产品的特点、受众的构成、预算的多寡等因素进行综合考虑，扬长避短，以期达到最佳的传播效果。

2.3　杂志媒体广告

　　杂志是一种定期出版的印刷媒体，针对特定主题或特定受众群体进行编辑和发行。相较于报纸等大众媒体，杂志更加专业和精准，因此长期以来都是广告主进行目标受众沟通和品牌推广的重要选择。

　　（1）杂志广告的优势

　　第一，受众群体集中，广告针对性强。每本杂志都有相对固定且忠实的读者群体，他们对杂志内容有着较高的认同感和参与度。广告主可以根据产品的目标客户，在相应类型的杂志上投放广告，减少无效曝光，做到精准触达。

　　第二，阅读环境优越，广告关注度高。不同于报纸等快速阅读的媒介，杂志多在相对闲暇和放松的环境中阅读，如休闲时光、旅途中等。读者有更多的时间和精力去关注广告内容，这提高了广告的到达率和转化率。

　　第三，印刷精美，广告表现力强。大多数杂志采用铜版纸印刷，色彩饱满，画面清晰，能够充分展现产品的特点和优势。一些重要广告甚至享有独立的拉页或附加的小样品，视觉冲击力和说服力非常强。

　　第四，发行周期长，广告有效期持久。杂志通常每周、每月或者每季度出版，发行周期较长。读者可以在较长时间内反复阅读，这延长了广告的有效期。此外，一些广告中的明星海报等内容，读者还会专门剪裁下来收藏。

　　第五，广告形式多样，互动性强。杂志广告（图2—4）的形式非常丰富，既有常规的硬广告，也有软文、专题、异形装帧、卡片、小样品等多种创新形式。广告与周边内容的编排策划更加灵活，能够吸引读者主动参与，产生良好的互动效果。

　　（2）杂志广告的局限性

　　第一，受众基数相对较小，覆盖面有限。尽管杂志读者质量高，但在绝对数量上不及报纸等媒体，这在一定程度上限制了广告的覆盖范围。

　　第二，知名杂志由于其稀缺性和权威性，广告费用普遍高于其他媒体。这对广告主的预算提出了较高要求。

　　第三，部分广告制作周期长，灵活性不足。与报纸等媒体相比，部分杂志广告制作工艺复杂，难以做到快速调整和及时更新。

　　对于广告主而言，选择杂志广告需要综合评估各种因素。一般来说，杂志广告更适合具有明确目标受众的产品，尤其是一些高端商品，如名表、珠宝等。广告主要充分考虑杂志的定位、读者构成、发行量等媒体资料，选择合适的杂志类型和广告形式。

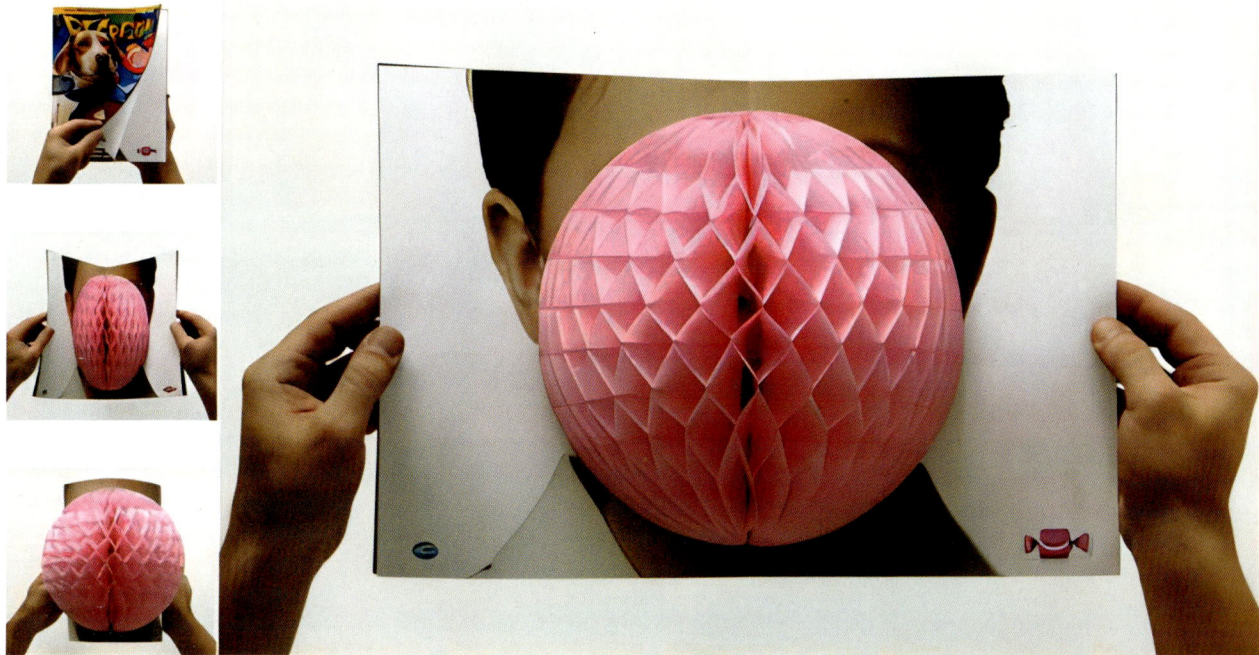

图2-4 杂志广告（图片来源：http：//www.360doc.com/content/11/0413/19/4719938 _ 109390915.shtml）

广播媒体广告

2.4 广播媒体广告

广播是一种音频媒体，主要通过无线电波传播信息。作为一种传统的大众传播媒介，广播具有覆盖面广、渗透力强、频次高等特点，在广告业中占有重要地位。

（1）广播广告的优势

第一，覆盖面广，听众基数大。广播信号通过无线电波传播，除偏远山区外，大部分地区都能接收到。广播听众涵盖各个年龄段和职业类别，尤其是一些忠实听众，收听率很高。

第二，渗透力强，到达率高。收音机作为一种移动媒体，可以跟随听众出现在生活的各个场景，如厨房、汽车、办公室等。广播广告能够不受时空限制地到达听众耳中，渗透力很强。

第三，频次高，重复曝光多。广播广告时长一般在15~30秒，听众容易接受。广告以高频次连续播放，产生重复曝光，有助于加深听众记忆。

第四，制作成本低，投放灵活。与电视等视频媒体相比，广播广告的制作门槛和成本要低得多。广告素材只需文案和音效，制作周期短，修改更新也比较方便。

第五，定位精准，针对性强。不同电台有不同的定位和听众群体，广告主可以根据产品目标受众的特征，选择合适的电台和时段投放广告，实现精准定位。

（2）广播广告的局限性

当然，广播广告也存在一些局限性：一是表现形式单一，只能通过声音传递信息，无法展示产品外观；二是听众注意力不够集中，广告容易被忽略；三是评估效果有难度，缺乏直观的监测手段。尽管如此，广播广告仍然是一种行之有效的营销方式。著名的"钙尔奇，吸收好，骨骼强"等广告语，都是通过广播广泛传播而深入人心的。

对广告主而言，投放广播广告需要把握以下几点：一是选择合适的电台和时段，确保广告触达目标受众；二是广告文案要简洁明了，声音要悦耳动听；三是广告词要朗朗上口，便于听众记忆和传播；四是广告频次要把握好，既要保证曝光量，又要避免过度重复造成听众反感。

总之，广播广告以其独特的优势，为广告主提供了一个有效的营销渠道。尽管其也存在一些局限性，但只要合理把握投放策略，广播广告仍然能够在整合营销传播中发挥重要作用。随着传统电台与网络音频的融合发展，广播广告也呈现出新的发展态势，值得广告主重点关注。

2.5　电视媒体广告

电视媒体广告

电视作为一种视听结合的媒体，具有极强的感染力和说服力。在当今媒体格局中，电视广告仍然是许多广告主的首选，尤其是在重大节日和黄金时段，大量广告争相亮相，形成一道独特的"广告风景线"。

（1）电视广告的优势

第一，影响力大，覆盖面广。电视以其直观、生动的视听表现，吸引着数以亿计的观众。一则成功的电视广告，可以在短时间内产生巨大的社会影响力，引发广泛的讨论和传播。

第二，表现力和说服力强。电视广告集图像、声音、色彩、动作等多种表现手段于一体，营造出逼真的场景和氛围，能够充分展示产品特点，激发消费欲望，具有极强的说服力。

第三，内容丰富，形式多样。电视广告的表现形式丰富，既有常规的硬广告，也有软性植入、赞助、特殊广告时段等多种创新形式。节目内容与广告的巧妙结合，能够吸引观众主动关注。

第四，定向投放，触达精准。不同的电视台和节目有不同的受众群体，广告主可以根据产品定位，选择合适的媒体资源进行投放，实现精准触达目标消费者。

第五，广告时长灵活，重复曝光多。电视广告的时长一般在15~60秒，可长可短，灵活多样。广告以一定频次在多个时段重复播出，产生持续性的曝光和影响。

（2）电视广告的局限性

尽管电视广告优势明显，但也存在一些局限性。

第一，瞬间性。在电视节目中，一则电视广告多在几秒至几十秒，广告讯息稍纵即逝，观众稍不留意就会错过，而一旦错过，受众就无从查找，从而大大影响了对广告商品的认知、记忆效果。

第二，制作和播放成本高。电视广告制作工序较复杂，因而制作经费和播出费用较高。昂贵的制作和播放费用限制了相当一部分实力不雄厚的中小型企业。

第三，干扰性强。电视广告的干扰性很强。

第四，对观众缺乏选择性。电视广告的广告主无法精准地定位目标受众，导致广告覆盖面存在大量浪费，存在向不符合广告目标市场特征的受众传递信息的情况。

第五，观众群不稳定。随着电视频道的大量增加，观众选择节目的余地也随之增大。一则广告如果制作得平庸，观众就会立即改换频道，使得电视广告观众群不稳定。

第六，播出时间和传递信息量有限。电视台大部分时间是用来播放各种节目的，插播广告的时间极少，因而广告主不能随意选择广告播出时段，只能根据电视台的节目空隙插播广告，当广告播出时段不能满足广告主要求时，就很难做到有针对性的广告目标宣传。另外，电视广告一般播放时间比较短，部分企业无法在较短的时间内把品牌诉求完整地呈现出来，所以只能取其精华，消费者无法全面地了解品牌的优势。

（3）电视广告投放策略

第一，综合考虑广告创意、媒体选择、时段安排和频次把控等因素。

第二，广告创意要打动人心，制作要精良，代言人要合适，与受众心理相契合。

第三，广告要与互联网技术深度融合，创新形式，拓展传播渠道。

因此，广告主在投放电视广告时需要综合考虑各种因素，合理把握投放策略。一般来说，影响电视广告效果的关键因素有：广告创意、媒体选择、时段安排、频次把控等。

下面以蒙牛乳业"超级女声"冠名赞助广告为例。2005年，湖南卫视"超级女声"综艺节目红遍全国。同年，蒙牛乳业与湖南卫视在长沙联合宣布，将共同打造"2005快乐中国蒙牛酸酸乳超级女声"年度赛事活动（图2-5）。蒙牛乳业投入两千多万元获得了2005年"超级女声"节目冠名权，此外还投入大笔资金，制作"超级女声"相关的户外广告，再加上在产品包装加入"超级女声"的宣传，总体算下来，蒙牛乳业为这个节目提供了超过1亿元的资金支持。这是一个教科书式的经典广告案例。

企业选择电视媒体做广告，无疑是要买"收视率"、买"时间"、买"媒体品质"。媒体品质是最重要的传播力。蒙牛乳业广告片，就选择在当时收视率很高的"超级女声"节目中插播。

图2-5 快乐中国蒙牛酸酸乳超级女声广告（图片来源：http：//m. tv1box. com/vod-read-id-33470. html）

再看依云矿泉水"婴儿"系列电视广告。说到依云,就不得不提及其著名的"婴儿"营销。依云矿泉水着重从时尚、运动、舞蹈音乐三个方面渗透用户人群。对于依云矿泉水来说,婴儿纯洁和年轻的象征,恰好与品牌的理念不谋而合。依云展开"婴儿"营销的目的,除了追求"活出年轻"(Live Young)的一种心态与个性化表达之外,还有一层特别容易让人忽视的"心机"——让孩子长大后变成自身的用户。自从1998年BETC首次提出"婴儿"概念后,接连诞生了"依云宝宝"营销系列的电视广告,堪称病毒营销史上最为成功的电视广告案例之一。

2.6　户外媒体广告

户外媒体广告

户外广告是一种露天展示的广告形式,通常出现在人流量大的公共场所,如街头、车站、商圈等。作为一种补充性的媒体广告,户外广告具有其独特的优势。

（1）户外广告的优势

第一,覆盖面广,到达率高。户外广告设置在公共场所,不受时空限制,不分昼夜地向过往人群展示,具有极高的到达率。一块广告牌或一个灯箱(图2-6),一天可以接触成千上万的潜在受众。

第二,视觉冲击力强,记忆深刻。户外广告通常采用大尺寸、醒目的画面和简洁有力的文案,给人以强烈的视觉冲击(图2-7)。一些创意独特的户外广告,能够吸引众多路人驻足观看、拍照转发,大大拓宽了广告的传播范围。

第三,地域针对性强,投放灵活。不同的户外广告位置面向不同的受众群体,如商业区的广告牌面向白领和消费者,学校附近的广告则锁定学生群体。广告主可以根据商品和受众的特点,在相应的区域进行有针对性的投放。

第四,媒体成本相对较低。和电视、报刊等大众媒体相比,户外广告的投放成本相对较低。尤其是一些新型户外媒体,如自行车广告、候车亭广告、电梯广告等,价格更加实惠,适合中小企业投放。

第五,广告形式多样,创意空间大。户外广告的形式丰富,从传统的平面海报到立体造型,从静态

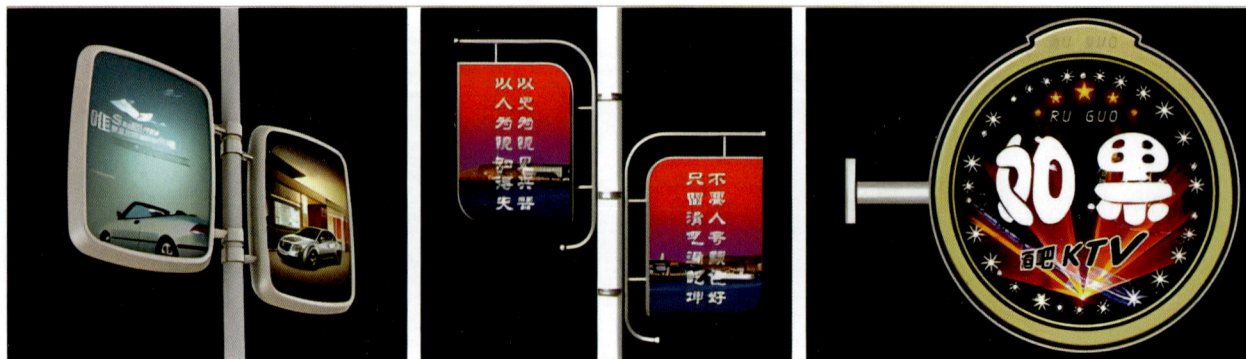

图2-6　户外广告(一)(图片来源:AIGC生成)

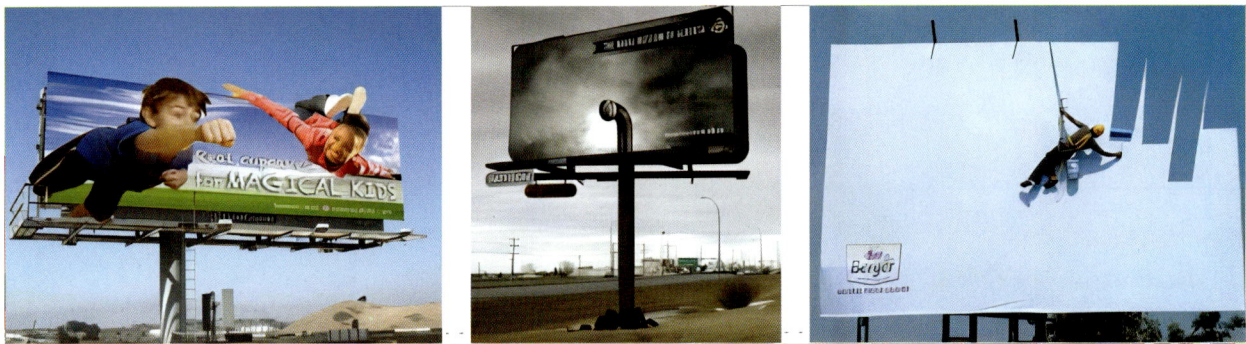

图2-7　户外广告（二）（图片来源：http：//www.sugaowenhua.com/company/478.html）

画面到动态视频，不一而足。越来越多的户外广告融入了新技术、新元素，借助奇思妙想吸引受众注意。

(2) 户外广告的局限性

第一，受环境影响大，恶劣天气可能影响广告展示效果。

第二，受众关注度不足，广告容易被忽略。

第三，监测和评估难度大，缺乏精确的测量指标。

第四，公益诉求强，需要遵守更多法规和道德规范。

(3) 户外广告投放策略

第一，选择合适的位置，确保广告能被目标受众看到。

第二，广告创意要足够吸引人，文案要简单直接，易于理解和记忆。

第三，广告尺寸和材质要与周边环境相协调，避免造成视觉污染。

2.7　网络媒体广告

网络媒体广告

网络广告是在互联网上发布和传播的一种新兴广告形式。广告主以付费的方式，通过互联网媒体对公众进行信息传播活动，即网络广告。网络广告具有形式多元化的特点，其中最有代表性的是富媒体广告。富媒体广告以其强大的表现力、互动性和精准定向能力，成为网络广告中的佼佼者。此外，旗帜广告（Banner Ad.）又称横幅广告，是最常见的网络广告形式，它是横跨于网页上的矩形公告牌，当用户点击时，通常可以连接到广告主的网页。它可以使用静态图形，也可以使用动画图像，颇受广告主青睐。

(1) 网络广告的优势

第一，受众人数多。我国网民数量庞大，为网络广告提供了巨大的市场空间。随着互联网的普及和技术的进步，人们对网络的使用率不断提高，网络广告的受众群体日益扩大。

第二，广告形式丰富多样。网络广告形式多样，如横幅式、按钮式、弹出式、插入式、电子邮件式、游戏互动式等，可满足不同广告主的需求。

第三，双向性和交互性强。网络媒体具有较强的交互性，可实现供求双方信息流的双向互动。用户可通过链接获取更多信息，并可重复观看广告内容。同时，用户可直接填写在线表单，给予意见反馈，广告主能够及时获取用户需求。

第四，应用新技术，提升广告效果。互动性能够减少受众对广告的反感，提高广告到达率。流媒体技术的发展使得视频、音频文件能够顺畅播放，动感画面能更好地诠释产品特性，让受众留下深刻印象。

第五，广告价格相对较低。与电视、报纸、杂志等传统媒体相比，网络媒体的广告价格相对较低，性价比更高，适合预算有限的中小企业投放。

第六，广告效果监测精准可靠。网络广告可依靠浏览量、点击量等量化数据反映广告到达情况，数据明确可信，便于广告主评估投放效果。

（2）网络广告的局限性

尽管网络广告优势明显，但其局限性也不容忽视：

第一，网络广告监管难度大。我国网络立法相对滞后，面对层出不穷的新问题、新情况，往往缺乏可参考的法律依据，导致网络广告监管困难。

第二，网络公信力相对较低。与传统媒体相比，网络的公信力较低。此外，网络上无序、虚假信息泛滥，难以有效清除，导致人们对网络广告的信任度不高。

第三，用户认同感不强。网络活动的自主性使得网民的参与度不高，点击率低，强制性措施也易引起反感。

第四，受众范围有局限。网络受众主要集中在经济较发达地区的特定年龄群体，广告主需充分考虑受众范围不理想、分布不均的问题。

（3）网络广告的主要形式

互联网的迅猛发展为广告业带来了新的机遇和挑战。网络广告作为一种新兴的广告形式，正以其独特的优势吸引着越来越多的广告主。这里重点介绍搜索引擎营销、社交媒体营销和程序化广告这三种主要的网络广告形式。

第一，搜索引擎营销是利用搜索引擎提高网站访问量的网络营销方式。其主要包括搜索引擎优化和付费搜索广告。搜索引擎营销的关键是根据用户的搜索意图，提供相关、有价值的内容，满足用户需求。广告主需要深入洞察目标用户的搜索行为，优化网站内容和广告创意，不断提升排名和点击率，才能在竞争激烈的搜索引擎营销中脱颖而出。

第二，社交媒体营销是利用社交网站、App等社交平台进行品牌推广和产品营销的方式。广告主可在社交平台上建立官方账号，通过发布文字、图片、视频等形式的内容吸引"粉丝"关注，并与"粉丝"互动，增强黏性。广告主还可借助社交平台的精准定向能力，针对特定受众投放广告，提高广告效果。常见的社交媒体平台有微博、微信、抖音、Facebook及Twitter等。

社交媒体营销的核心是利用社交平台的互动性和传播性，与目标用户建立密切联系，提升品牌美誉度和用户忠诚度。广告主需要根据不同平台的特点，制定差异化的营销策略，持续创造有价值、有影响力的内容，才能在社交媒体营销中取得成功。

第三，程序化广告是指通过自动化技术完成广告的购买、投放和管理的展示广告。这种广告形式利用数据分析和机器学习算法，可以在正确的时间、正确的场景中，向最相关的目标受众展示广告，从而提高广告效果。

　　宜家家居"移动小睡车"App广告就是一个创新运用网络广告提升品牌形象的成功案例（图2—8）。宜家家居在阿联酋推出了"移动钟点房"项目，利用宜家家居用品将卡车货箱改造成舒适的卧室，用户可通过App在线预订。这一体验式营销活动在社交平台上引发了广泛关注，提升了宜家家居的品牌形象和产品销量。这一案例表明，网络广告若能与线下体验相结合，围绕用户痛点提供创新服务，则更易取得营销成功。

图2-8　"移动小睡车"App广告（图片来源：https：//www. digitaling. com/）

　　网络广告以其独特的优势正深刻影响着广告业的发展。尽管目前还存在一些局限性，但随着技术的进步和法律的完善，网络广告必将迎来更加广阔的发展空间。广告主应积极把握网络媒体的营销机遇，创新广告形式，优化投放策略，实现广告价值的最大化。

第3章　广告创意的原则

广告创意是广告活动的灵魂，是广告传播效果的关键因素。优秀的广告创意能够吸引受众注意，激发购买欲望，塑造品牌形象。一则成功的广告，必须基于深度的消费者洞察，提炼出独特的卖点，并用创新的表现形式呈现出来，给受众留下深刻印象。本章将介绍广告创意遵循的原则。

3.1 简明性原则

简明性原则

简明性原则广泛运用于各类广告创意中。例如平面广告设计中，常用简洁的版式、醒目的标题、突出的产品图片等呈现方式，让受众一目了然；电视广告则通过精简的故事情节、醒目的画面、洗脑的广告歌曲等，在短时间内抓住受众眼球；户外广告更是将简明性原则发挥到极致，用最简洁的文案和最醒目的视觉呈现，在瞬间吸引过往受众的注意力。

3.1.1 简明性原则的内涵

（1）凝练的广告主题

广告主题是贯穿整个广告创意的灵魂，代表了广告所要传递的核心信息。好的广告主题应该简洁明了，一句话就能说清楚，让受众一目了然。如"我们不生产水，我们只是大自然的搬运工"（农夫山泉），"连接一切"（腾讯）等，都是凝练的广告主题。

（2）简洁的文案表达

广告文案是广告创意的重要组成部分，负责广告信息的传递。简洁的文案表达有助于提高广告的可读性和记忆度。广告文案应该用词准确、通俗易懂，避免使用晦涩难懂的专业术语，句子要简短有力，段落要层次分明、条理清晰，方便受众快速获取信息。同时，广告文案还要突出产品卖点，展现产品价值，引发情感共鸣。

（3）醒目的视觉呈现

广告的视觉呈现是吸引受众注意力的关键。简明的视觉呈现要做到图文并茂，突出重点。首先，广告画面应该简洁大方，避免过于复杂和花哨的设计，让受众的视线可以快速聚焦到核心信息上。其次，广告画面要突出产品形象，让产品特性一目了然，同时也要与文案信息相呼应，形成合力。再次，广告画面要运用醒目的色彩、巧妙的构图、独特的创意等视觉元素，提高广告的辨识度和吸引力。

如在世界环境日当天，《印度时报》刊登了一组以UnPlastic India（印度无塑料）为主题的公益海报（图3-1）。海报画面用人类拧住海洋生物头颅的动作，模拟了人类用手拧开塑料瓶的样子，以此来表明人类是如何无情地杀害海洋生物的。海洋生物挣扎窒息的状态触目惊心，它们直视观者的眼睛，提出了一个简单的问题：Still using plastic?（还在使用塑料吗？）

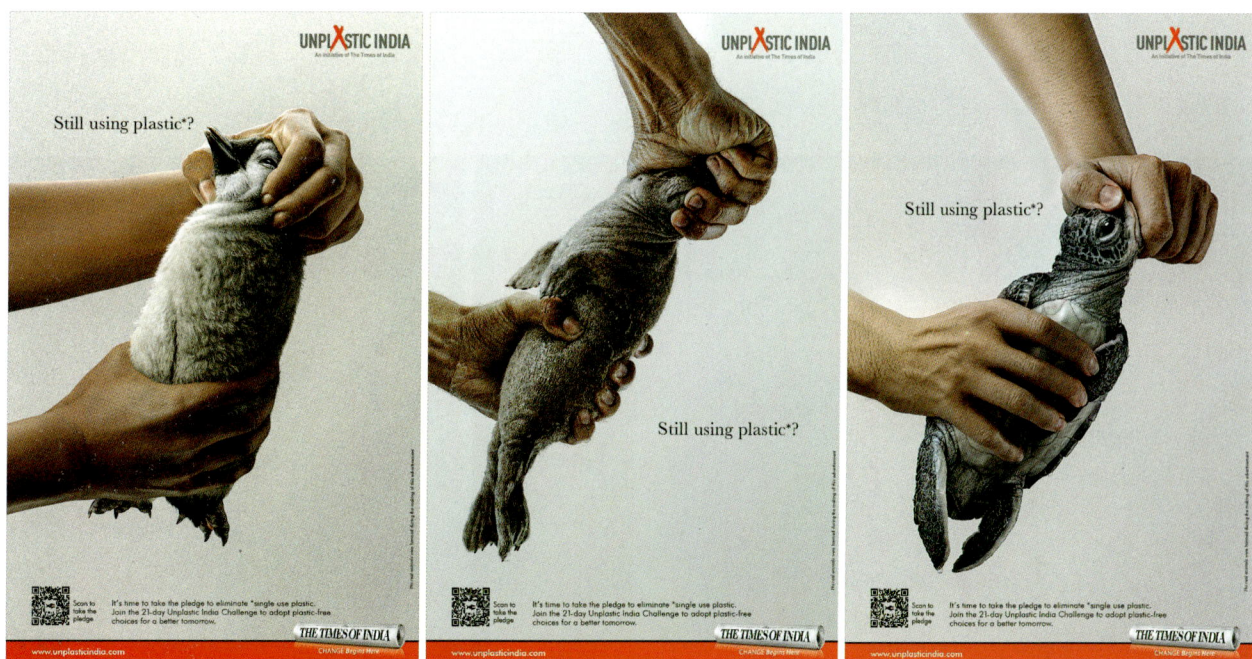

图3-1　《印度无塑料》公益海报（图片来源：https：//weibo.com/5982666433/O8ArTdKT1）

（3）易于记忆的广告语

广告语是广告创意的精华所在，是广告信息的浓缩和升华。简明易记的广告语可以深入人心，成为品牌的代名词。如"非可乐"（七喜），"饿了么，我饿了"（饿了么）等，都是朗朗上口、易于传播的广告语。好的广告语要做到简洁凝练，用最少的字表达最丰富的信息；要有创意和新意，给人耳目一新的感觉；要契合品牌调性，体现品牌个性；要富有节奏感和韵律美，便于受众记忆和传唱。

简明性是广告创意的基本要求，也是提高广告传播效果的重要法宝。广告人要树立"少即是多"的理念，用最简洁的表达传递最丰富的信息，用最精练的创意打动受众的心灵。唯有不断追求简明，才能在纷繁复杂的广告环境中脱颖而出，赢得受众的青睐。

3.1.2　简明性原则的必要性

广告创意遵循简明性原则，是由广告传播的特点所决定的，主要在于渠道容量的限制和受众接受信息量的局限。

（1）渠道容量有限

任何传播渠道都有其容量限制，超过限度，信息就会堵塞，最终影响传播效果。户外广告、平面广告等容量更是极其有限，需要用最简洁的方式传达信息。简明的创意有助于在有限的渠道中使传播效果实现最大化。

（2）受众接受信息量的局限

受众接触广告的时间十分有限，注意力也容易分散。面对铺天盖地的广告信息，受众很难对每一则广告都投入足够的注意力。简明的广告创意可以快速吸引受众，在短时间内传达核心信息，提高广告到达率。

3.1.3　简明性原则的运用

简明性原则广泛应用于各类广告创意中，下面列举几个经典案例。

可口可乐的《Feel it》主题广告采用红色背景，配以独特弧度的白色LOGO，巧妙呈现出其贴在瓶身上的效果，简单的文字勾勒出可乐的形象（图3-2）。

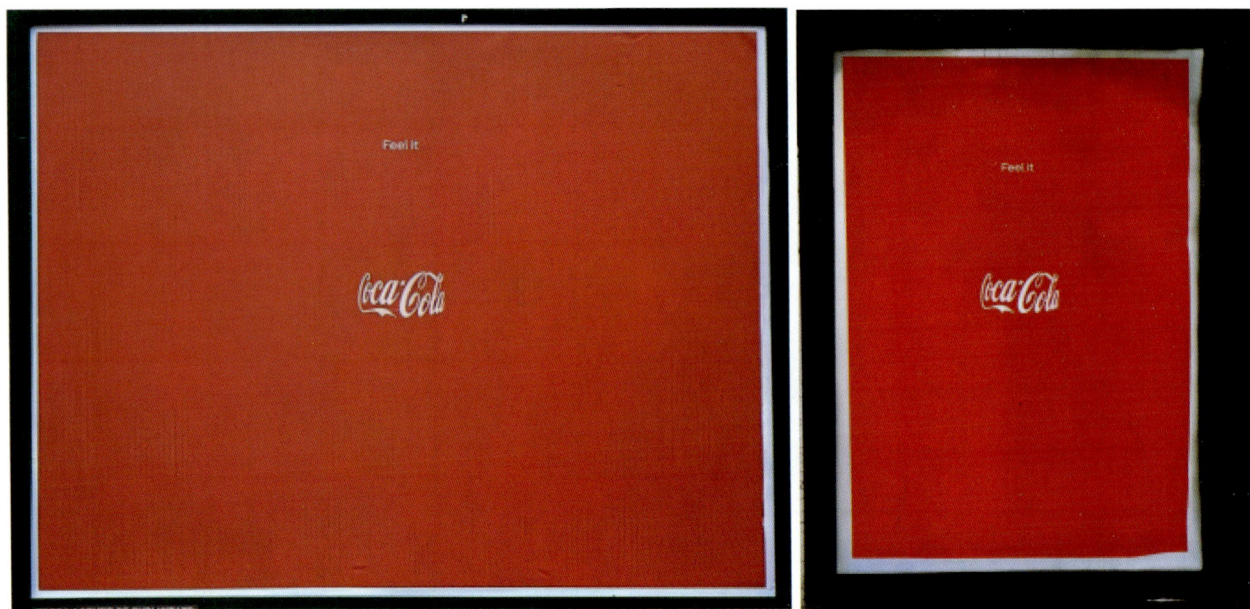

图3-2　可口可乐的《Feel it》广告（图片来源：http：//www.333cn.com/shejizixun/202042/43497 _ 398104.html）

图3-3　麦当劳的《Hungry》广告
（图片来源：https：//weibo.com）

麦当劳的《Hungry》户外广告。该广告以红色背景为底，醒目地展示了"Hungry"字样，字母"M"巧妙地化身为麦当劳的Logo，类似两个牙齿的咬合印，一目了然地表达出麦当劳可以满足你的饥饿需求（图3-3）。

由此可见，简明性是广告创意的一个重要原则。广告人要学会抓住产品卖点，用最简洁、最直接的呈现方式，在短时间内抓住受众眼球，加深受众记忆，从而达到良好的广告传播效果。

3.2 通俗性原则

广告是一种大众传播行为，其目的是让更多的人了解和接受广告所传递的信息。通俗易懂的广告创意，可以拉近与受众的距离，减少理解障碍，提高广告的到达率和影响力。反之，如果广告创意过于晦涩难懂，脱离大众生活，就会影响广告的传播效果。

以腾讯99公益日的"守护成长"公益广告为例，该广告采用一问一答的形式，用通俗易懂的语言引导全社会关注未成年人保护问题。广告语言朴实无华却直击人心，让人们意识到保护未成年人是全社会的责任。这则广告之所以能产生良好的传播效果，正是因为其通俗性，让广大受众能够轻松理解和接受。

3.2.1 通俗性与文化背景息息相关

广告创意的通俗性需要考虑受众的文化背景。不同的国家、民族和地区有着不同的语言习惯、风俗习惯及审美情趣等，这些文化差异都会影响受众对广告的理解和接受程度。广告创意只有根据目标市场的文化特征，选择合适的表现元素和创意思路，才能实现有效传播。

"红色文化"公益广告之所以在中国市场能够引起共鸣，正是因为它契合了中国受众的文化背景。"红色文化"作为中国革命历史的重要组成部分，承载着中华民族的集体记忆，是大多数中国人耳熟能详的文化符号。将其运用到公益广告创意中，自然容易引发国人的情感共鸣。

例如2018年，国防部新闻局和陆军政治工作部宣传文化中心联合制作的宣传片《家国与边关》，谨以此片献给卫国戍边的全体指战员。该片通过对边防军人的记录展现家国情怀，讲述感人故事，引起群众共鸣（图3-4）。

反之，则不然。沃尔沃汽车《安全别针》广告虽然创意巧妙，但对于中国受众而言，可能缺乏文化背景的支撑，难以完全理解其寓意（图3-5）。

图3-4 《家国与边关》宣传片

（图片来源：http://tv.81.cn/jlwyx/9389927.html）

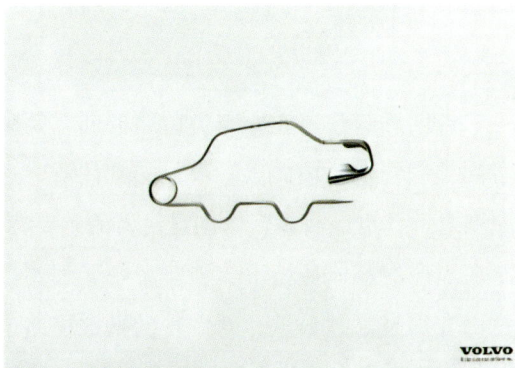

图3-5 沃尔沃汽车广告《安全别针》

（图片来源：https://www.media.volvocars.com/cn/zh-cn/media/photos/225451/1996）

图3-6　Tiger啤酒广告
（图片来源：https://www.digitaling.com/）

3.2.2　通俗性与经验背景密不可分

广告创意的通俗性需要考虑受众的经验背景，包括其社会阅历、生活经验、知识结构等。广告创意要尽可能与受众的经验背景产生共鸣，让受众能够用自身的经验去理解和感悟广告信息，这样才能达到良好的传播效果。

Tiger啤酒在世界杯期间播放的广告，虽然"黄牌、红牌"的创意巧妙，但如果受众缺乏足球运动的相关知识和经验，就很难完全理解广告的寓意（图3-6）。相比之下，日常生活中常见的元素和场景，更容易被大众所接受和理解。广告创意要善于从日常生活中提炼素材，用贴近生活的方式表达广告诉求，让受众产生共鸣。

3.2.3　通俗性是一种对等性

广告创意的通俗性并非一个固定的标准，而是一种相对目标受众而言的对等性。不同的目标受众在文化水平、认知能力、审美情趣等方面存在差异，广告创意需要针对不同受众群体，采取不同的表现方式和沟通策略，实现与受众的对等交流。

例如贾玲版绿箭口香糖广告，以夸张的表现手法和网络流行语为创意元素，显然是在迎合年轻网民的口味。但对于中老年受众群体而言，可能就难以接受和理解这种创意风格。广告主需要准确把握目标受众的特征，根据其文化水平和欣赏习惯，设计出对等的创意表现形式，从而实现有效沟通。

3.3　差异性原则

差异性原则

广告创意的差异性原则是指广告创意要突破常规，力求新颖独特，给受众耳目一新的感觉，从而在众多同类广告中脱颖而出，吸引受众注意，达到良好的传播效果。差异性原则是广告创意必须遵循的基本原则之一，也是衡量广告创意优劣的重要标准。

在当今的媒体环境下，消费者每天都要接触大量的广告信息。面对铺天盖地的广告轰炸，消费者的注意力变得越来越分散，对广告的抵触情绪也日益增强。如果广告创意缺乏差异性，墨守成规、人云亦云，就很难在众多广告中吸引受众眼球，更难以在受众心中留下深刻印象。

反之，具有差异性的广告创意，往往能给人耳目一新的感觉，激发人们的好奇心，吸引受众主动去关注和探索。正如《孙子兵法》所言："凡战者，以正合，以奇胜。"出其不意、与众不同的创意，往往能收到出奇制胜之效。差异性可谓是广告创意的生命所在，是广告传播实现突破的关键。

图3—7中，无印良品的广告设计在追求视觉冲击力的今天，凭借其舒适的视觉表达及理念表达突出重围，展现了品牌的独特魅力：在颜色上，以纯净的白色为主调，象征着简洁与纯粹，与品牌理念相契合；在氛围营造上，设计透露出一种宁静、平和的氛围，让人感受到舒适与放松；在情感表达上，广告通过设计传递出自然、质朴的情感，触动人的内心；在创新方面，广告突破了传统设计框架，运用独特的排版和元素组合，展现出品牌的个性与创新精神，给人留下深刻的印象。

图3-7 无印良品广告（图片来源：https：//www.163.com/dy/article/I7BPQG680536D9CB.html）

3.3.1 差异性的实现方式

广告创意的差异性可以通过多种方式来实现，包括独特的表现形式、新颖的创意角度、出人意料的叙事手法等。

（1）独特的表现形式

广告创意可以在表现形式上另辟蹊径，别出心裁，给人耳目一新之感。如农夫山泉"我们不生产水，我们只是大自然的搬运工"系列平面广告，采用了极简主义的表现手法，以纯白为背景，红色的文字醒目地呈现，给人一种清新自然、纯净无污染的感觉，完美契合了农夫山泉的品牌诉求（图3—8）。这一系列广告之所以让人过目不忘，正是因为其独特的视觉表现形式，在当时一众色彩斑斓的饮料广告中显得格外醒目。

图3-8 农夫山泉平面广告（图片来源：https：//www.nongfuspring.com/? type = zh-CN）

（2）新颖的创意角度

广告创意还可以从新颖独特的角度切入，给消费者耳目一新的感觉。如大宇汽车Leganza的电视广告，没有像其他汽车广告那样着重宣传车辆的动力性能或外观设计，而是别出心裁地从"静"的角度切入，用色彩控制条、音量控制条的巧妙设计，衬托出Leganza卓越的静音效果，令人印象深刻（图3—9）。这一创意之所以成功，正是因为它没有随大流，而是从一个新颖的视角诠释了汽车的独特卖点。

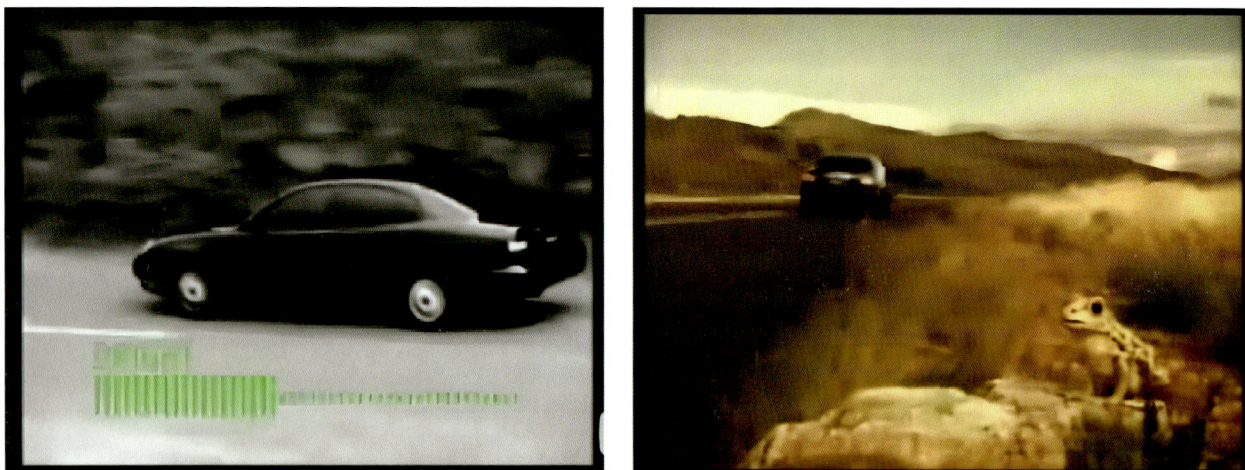

图3-9　大宇汽车广告（图片来源：https：//huaban.com/）

（3）出人意料的叙事手法

广告创意还可以在叙事手法上出人意料，给受众带来惊喜和新鲜感。如一则宣传汽车安全性能的广告，并没有直接展示车辆被撞击后的画面，而是以倒叙的手法，从事故发生后的车祸场景倒推至事故发生前的平静生活场景。随着镜头的推进，人们的好奇心被不断调动，直到最后揭示车祸真相的那一刻，广告的震撼力达到了顶峰。这种出人意料的叙事手法，让人在猝不及防中接受了广告讯息，印象格外深刻。

3.3.2　差异性的广告效果

具有差异性的广告创意，往往能收获良好的传播效果，主要体现在吸引受众注意、加深受众印象、树立品牌个性和引导消费行为四个方面。

（1）吸引受众注意

在信息爆炸的时代，受众的注意力是稀缺资源。差异性的广告创意，以其新颖独特的表现形式和内容，能够快速吸引受众的注意力，让受众在茫茫广告海洋中第一时间发现并关注该广告。

健身机构Powerhouse Gym的户外广告将巨幅海报挂在一栋在建大楼上，用极强的视觉冲击力告诉观众，在他们这儿健身，能让你强壮到足以单人拉起两架起重机（图3—10）。该广告与城市建筑形态形成反差，突出了传播效果。

（2）加深受众印象

具有差异性的广告创意，往往能给受众留下深刻的印象。独特新颖的表现形式、出人意料的叙事手法，能够深深触动受众的情感，在其脑海中留下难以磨灭的烙印。大宇汽车Leganza用色彩控制条和音量控制条象征汽车的静音效果，无疑让Leganza的静音特性深深植根于受众心中。

（3）树立品牌个性

广告创意的差异性，还能帮助塑造和强化品牌个性。一以贯之的差异化风格，能够形成品牌独特的形象标识，让品牌在受众心中拥有独特的定位和联想。红牛饮料以"红牛来到中国"的广告语，迅速树立起"能量饮料"的品类形象；以"汽车要加油，我要喝红牛""你的能量，超乎你想象"为诉求，更是鲜明地彰显出红牛饮料提神醒脑、补充体力的功能特性（图3—11、图3—12）。正是凭借差异化的广告表达，红牛迅速在消费者心中树立其品牌个性。

图3-10 Powerhouse Gym广告

（图片来源：https://huaban.com/pins/1278752992）

图3-11 红牛广告（一）

（图片来源：https://www.photophoto.cn/）

图3-12 红牛广告（二）

（图片来源：https://www.photophoto.cn/）

图3-13 《农夫山泉有点甜》广告
（图片来源：农夫山泉官网）

（4）引导消费行为

具有差异性的广告创意，能够有效引导消费者的购买行为。广告通过新颖有趣的创意表达，一方面让消费者对产品或品牌产生好感，对其价值和利益产生向往；另一方面，创意广告也能唤起消费者的购买冲动，刺激其采取购买行动。农夫山泉的广告语"农夫山泉有点甜"，通过差异化的诉求策略，迎合了消费者对天然、健康饮用水的需求，引导消费者形成了"农夫山泉＝好水"的认知，进而推动了购买行为的发生（图3-13）。脑白金广告"今年过节不收礼 收礼还收脑白金"通过十几个字的广告词，省略了众多的功效介绍，只向消费者传达送脑白金就是在送健康的概念。相较于同类型广告的枯燥功能介绍和制造焦虑，脑白金广告让用户在杂乱的信息流中锁定一句焦点——送健康（图3-14）。

图3-14 脑白金广告（图片来源：http://www.goldpartner.com.cn/）

差异性原则是广告创意必须遵循的法则。广告只有突破常规，以新颖独特的创意表现吸引受众注意，才能在纷繁嘈杂的媒体环境中脱颖而出，实现广告传播的突破。广告主和广告创意者要敢于打破思维定式，从新的角度去发掘产品卖点，运用新的表现形式去诠释广告诉求，以差异化的创意手法，赋予品牌独特的个性和魅力。唯有不断追求创意的差异性，广告才能真正触动消费者的心弦，实现品牌与消费者的有效沟通。

3.4 形象化原则

广告创意的形象化原则是指广告创意要善于运用生动形象的表现手法，将抽象的广告诉求以具体、直观、感性的方式呈现出来，让受众易于理解和接受。形象化是广告创意的重要原则。

3.4.1 形象化的内涵

广告是一种特殊的艺术形式，它既要传达商业信息，又要给受众以美的感受和享受。与纯艺术创作追求唯美主义不同，广告创意的首要目的是推销商品或服务，塑造品牌形象。因此，广告创意必须在传递信息和满足审美要求之间找到平衡，既要准确表达品牌诉求，又要以生动有趣的形式吸引受众注意。

广告创意的形象化，就是要把抽象的广告信息转化为具体的感性形象，通过形象塑造和情境营造，让受众产生美的联想和情感共鸣。这就需要广告创意者发挥艺术想象力，运用恰当的表现手法，创造出新颖独特、生动传神的艺术形象，将品牌内涵和产品卖点形象化地展现出来。

3.4.2 形象化的表现方式

广告创意的形象化可以通过多种方式表现，包括视觉形象、听觉形象、情境代入等。

（1）视觉形象塑造

视觉形象是广告创意形象化的主要表现方式。通过生动形象的视觉元素，如人物、动物、景观、图案等，可以直观地呈现广告诉求，加深受众印象。如百威啤酒的广告创意，针对不同国家文化，选用不同的动物形象，既彰显了品牌个性，又实现了本土化传播，极大地提高了广告的识别度和传播效果。

又如经典的哈撒韦衬衫广告，以身着白衬衫、蒙着黑眼罩的模特形象作为视觉主体，通过黑白对比、局部残缺等视觉冲击，瞬间抓住了受众眼球（图3-15）。背景中豪华的制衣车间又暗示了哈撒韦衬衫的高端品质，视觉形象与品牌内涵完美契合，创造了难以磨灭的广告形象。

（2）听觉形象塑造

听觉形象主要通过语言、音乐等听觉元素来实现。广告语是听觉形象塑造的重要手段，一句朗朗

The man in the Hathaway shirt

图3-15 哈撒韦衬衫广告
（图片来源：https://www.douban.com/photos/photo/2173629360/）

图3-16 《蒂凡尼的早餐》电影图片
（图片来源：《蒂凡尼的早餐》电影片段）

上口、耐人寻味的广告语，可以将品牌理念和产品卖点形象化地表达出来，加深受众记忆。例如"没有蒂芙尼，就没有早餐"（蒂芙尼），就是利用听觉形象塑造品牌个性的经典案例（图3-16）。

音乐和声音也是听觉形象的重要组成部分。广告音乐可以渲染气氛，烘托情感，让受众在潜移默化中接受广告信息。广告中特定的声音，如可口可乐广告中玻璃瓶碰撞的声音，百事可乐广告中打开瓶盖的声音，也能形成独特的听觉形象，增强广告的记忆点（图3-17）。

图3-17 百事可乐广告（图片来源：https://www.digitaling.com/）

（3）情境代入

情境代入是指通过生动的情节描绘和场景营造，让受众身临其境地感受广告所传达的情感和体验。广告创意可以讲述一个小故事，设置一个有趣的情境，引导受众代入其中，引发情感共鸣。

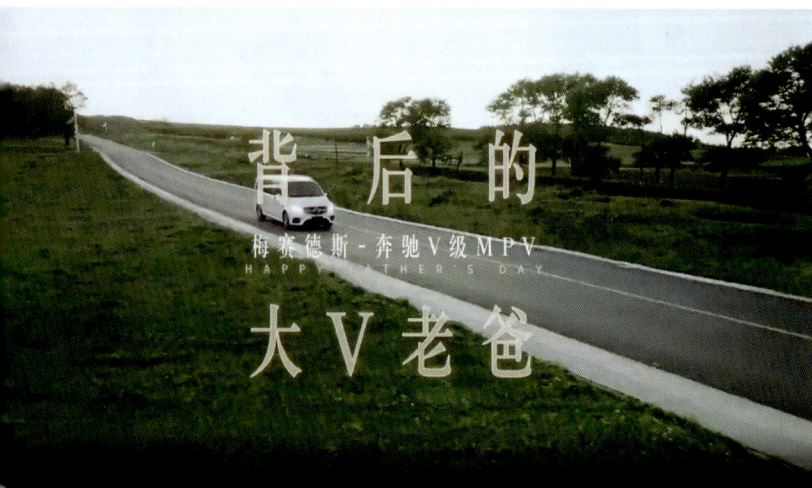

图3-18 《背后的大V老爸》
（图片来源：https://www.digitaling.com/）

奔驰V级MPV系列发布广告片《背后的大V老爸》（图3-18），广告以一位男子的视角，讲述其作为儿子与父亲的双重责任。当他驾驶奔驰V级MPV汽车带全家出游时，作为儿子，他将曾经感到最舒适安稳的后座留给父亲来享受；作为父亲，他享受着守护全家时那份稳稳的幸福。整支广告以儿子与父亲的双重视角，展现了男人在家庭中的责任与担当，引发目标受众的共鸣。

通过这个情境，将奔驰汽车与父爱、呵护、安全等正面情感联系起来，引发受众共鸣。类似地，许多保险广告也善于通过情境代入，如一家人其乐融融的场景、父母守护孩子成长的瞬间等，让受众代入其中，感受保险带来的安全感和幸福感。

3.4.3 形象化的作用

（1）提高广告到达率

在信息过载的时代，受众面对铺天盖地的广告信息，注意力变得越来越分散。生动形象的广告创意可以迅速吸引受众眼球，提高广告的到达率和关注度。读图时代的今天，图像化、视觉化的广告表现形式更容易被受众接受和传播。广告创意越形象直观，就越有可能在第一时间抓住受众视线，让品牌信息深入人心。

杭州亚运会发布的水墨烟云风格宣传片以数字化的方式呈现亚运图景。宣传片将不同城市的建筑做对比，形成了竞技场的隐喻。其中，印度的泰姬陵成为球门（图3—19），吉隆坡的双子塔成为吊环，杭州的跨海大桥成为球网……给人带来无限的乐趣。

图3-19 杭州亚运会宣传图片（图片来源：https://www.digitaling.com/）

（2）增强信息传递效果

很多商品或服务的特性较为专业和抽象，不易为大众所理解。广告创意的形象化可以将晦涩难懂的专业信息转化为通俗易懂的形象表达，帮助受众快速理解广告诉求。巧妙的比喻、生动的故事情节，可以将产品卖点形象化地呈现出来，让受众一目了然，加深印象。

例如，索尼电视广告以鲜艳的色块代表色彩还原能力，以高清晰的画面展现画面品质，将产品卖点形象直观地呈现出来，既吸引了受众的眼球，又加深了受众对索尼电视高品质的认知（图3—20）。

（3）塑造品牌个性

广告创意的形象化对于塑造和传达品牌个性具有重要作用。独特新颖的视觉形象、个性鲜明的广告语、生动有趣的情境代入，都能帮助树立差异化的品牌形象，让品牌在受众心中留下深刻印象。

例如万宝路香烟广告以硬朗、阳刚的视觉形象重塑品牌个性，红黑配色的包装设计、尖角化的品牌字体，都突出了万宝路的男性化特质，成功实现了品牌形象的转型（图3—21）。类似地，哈利·波特、米老鼠等卡通形象的广告运用，麦当劳、肯德基等品牌吉祥物的创造，都是利用形象化手法，为品牌赋予了鲜明的个性和独特的魅力。

图3-20　索尼电视广告（图片来源：https://www.digitaling.com/）

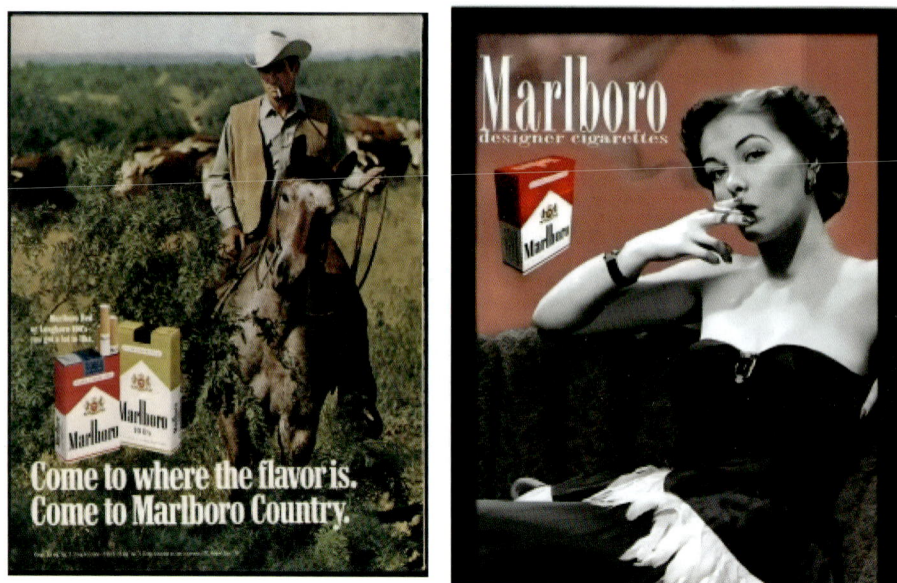

图3-21　万宝路香烟广告（图片来源：https://www.digitaling.com/）

3.4.4　形象化原则运用的要点

（1）形象与品牌契合

广告创意的形象化要与品牌定位和产品属性相吻合，不能脱离品牌本身盲目追求视觉效果。选用的视觉元素、塑造的情境氛围，都要与品牌调性和目标受众相契合，这样才能真正触动受众情感，实现品牌传播的目的。

可口可乐的品牌理念是"人人皆可拥有，永远代表欢乐和热情"。该品牌希望打造一个快乐、健康、活力和友善的形象。其形象主要以红色及一根动感飘带样式呈现（图3-22）。这跟红飘带已经成为品牌广告创作的灵感来源。在广告中，红飘带可以是指路牌，可以是传递和平欢乐氛围的手势，也可以是连接品牌与用户的纽带。

（2）形象要新颖独特

千篇一律的形象很难在受众心中留下印象。广告创意要力求形象的新颖性和独特性，给人耳目一新的感觉。巧妙的视觉比喻、独特的情境设置、个性化的表现手法，都能让形象更加吸睛动人，提升广告的传播效果。

在百余年的发展过程中，可口可乐公司不断对自身的品牌形象进行趣味创新、多样发展。为了展现品牌会玩的特质，可口可乐通过歌词瓶、台词瓶、城市瓶等意料之外又在情理之中的文案去打动用户，以此来吸引不同性格、地域、喜好的用户为品牌的"创意"买单（图3—23）。

（3）形象要简洁明了

形象化并不意味着复杂化，恰恰相反，优秀的广告形象往往是简洁而凝练的。要用最简约的视觉元素，最精练的语言表达，将广告诉求清晰地传达出来。形象要避免过度堆砌，突出重点，以给受众留下清晰而深刻的印象。

（4）形象要富有感染力

广告形象的塑造要走心走情，以情感人，以情动人。生动传神的广告形象，往往能引发受众情感共鸣，让人产生代入感和参与感。广告创意要善于捕捉受众的情感需求，塑造富有感染力的形象，让广告不仅仅停留在视听层面，更能触及心灵深处。

例如可口可乐为了强调品牌的环保意识，展现企业的社会责任感，承诺将在2025年实现产品包装的100％可回收，实现品牌环保的循环经济，并推出了户外可回收广告牌（图3—24）。超长的广告牌，灵活的"手指"，给用户指明了可口可乐可回收垃圾桶的位置，在吸引人注意的同时，传递了可口可乐可持续发展的环保理念。

图3-22 可口可乐动感飘带广告
（图片来源：https://huaban.com/）

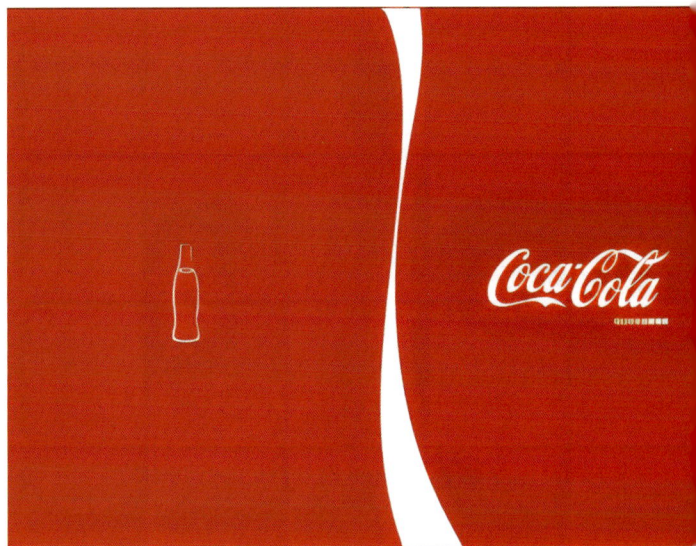

图3-23 可口可乐台词瓶等创意广告
（图片来源：https://huaban.com/）

图3-24 可口可乐户外可回收广告牌（图片来源：https://huaban.com/）

形象化原则是广告创意必须遵循的重要法则。广告的生命力在于创意，创意的生命力在于形象。广告创意要善于利用形象化手法，将抽象的广告诉求转化为具体的感性形象，以直观、生动、新颖的表现形式吸引受众注意，加

深品牌印象，塑造独特的品牌个性。唯有不断追求创意的形象化，广告才能真正走进受众心里，实现与受众的情感对话，挖掘出蕴藏在商品背后的无限创意。

3.5　关联性原则

关联性原则

广告创意的关联性原则是指广告创意要善于在产品、受众和竞争对手等多个维度建立有效关联，通过发掘事物之间的相关性、相似性及因果性等，为广告创意提供真实可靠的依据，增强广告的说服力和感染力。

3.5.1　关联性的内涵

关联性思维是广告创意的基础。它要求广告创意者以敏锐的洞察力去观察分析客观事物，发现事物之间看似不相关但实则相通的内在联系，并将这种关联性创造性地运用到广告表现中去。这种关联可以是产品与受众需求之间的契合，可以是产品特性与生活场景之间的呼应，也可以是品牌与竞争对手之间的比较。

优秀的广告创意往往能在表面不相关的事物之间建立起巧妙的关联，让人眼前一亮，心生共鸣。这种关联不是牵强附会，而是建立在对产品、受众、市场的深刻洞察之上，能够准确触及受众的心理需求和情感体验。关联性越强、越新颖，广告的创意性和感染力就越强。

3.5.2　关联的对象

广告创意的关联对象主要包括三个方面：产品或服务、目标消费者和竞争对手。

（1）与产品或服务的关联

广告创意首先要与所推广的产品或服务建立紧密关联。七喜饮料的系列海报就是很好的例子。三张海报分别用仙人掌、辣椒和火焰来比喻七喜饮料的气泡在舌尖上跳跃的刺激感。这种创意化的关联，形象生动地表现了产品特性，给人以强烈的感官冲击和心理暗示（图3-25）。

图3-25　七喜饮料系列海报（图片来源：https：//huaban.com/）

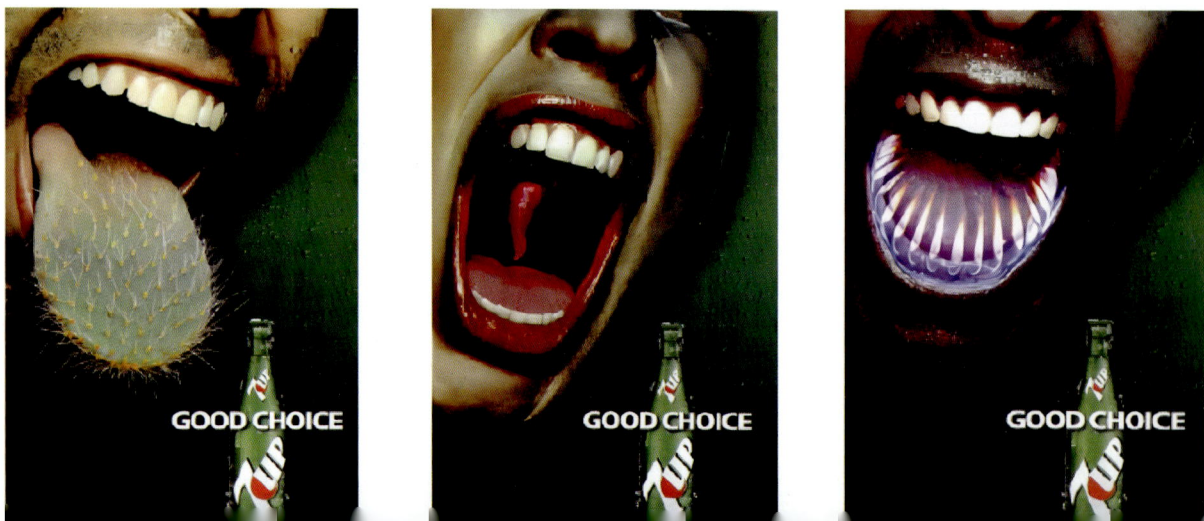

产品关联的关键是找准契合点，这种契合点既要符合产品的客观属性，又要切中消费者的主观感受。契合点越独特、越生动，关联性就越强。全面立体地挖掘产品卖点，将之创造性地与生活场景、个性体验关联起来，能够极大增强广告的说服力。

（2）与目标消费者的关联

好的广告创意必须与目标消费者建立情感关联。例如，耐克的Freestyle系列广告就以篮球爱好者为目标受众，将街头篮球与嘻哈音乐巧妙结合，鲜明地表达出年轻人追求自由、张扬个性的精神内涵。这种创意与目标消费群的生活方式和情感诉求高度吻合，引发了他们的强烈共鸣。

与目标消费者建立关联的关键是洞察受众心理，挖掘他们的情感需求、生活方式、价值追求等，并在广告中予以生动表达。这就要求广告创意不能流于表面，而要深入洞察受众内心，用最打动人的方式表现他们的真实感受。唯有与受众建立情感连接，广告才能入脑、入心。

（3）与竞争对手的关联

在竞争日益激烈的市场环境下，广告创意还可以与竞争品牌建立关联，通过比较、对比等方式，彰显自身的优势特点。可口可乐和百事可乐的广告战就是典型案例（图3-26、图3-27）。在百事可乐广告中，小男孩踩在可口可乐罐上拿百事可乐；可口可乐随后回击，相同的场景，但小男孩在拿到可口可乐后，把百事可乐放回原位才离开。这种机智幽默的创意比较，既突出了可口可乐的品牌内涵，又彰显其谦逊有礼的形象魅力。

图3-26 百事可乐挑起广告战
（图片来源：数英网）

图3-27 可口可乐回应广告战
（图片来源：数英网）

竞争者关联并非简单的贬低和抹黑，而是要在比较中突出自身优势，以更高的格调和情怀赢得受众青睐。这就要求广告创意者在设计比较方式时，既要有竞争意识，又要讲求策略技巧，既不失优雅大度，又要直击要害，用创意赢得受众的尊重和信赖。

3.5.3 关联的方式

广告创意在建立关联时，可以采取直接关联和间接关联两种方式。

（1）直接关联

直接关联是一种开门见山的表现方式，直截了当地介绍产品特性或品牌理念，简单明了，受众易于理解和接受。这种方式更适用于新上市的产品或服务，目的是全面传递产品信息，快速建立品牌认知。

直接关联虽然表面上缺乏创意性，但并不意味着平淡无奇。恰恰相反，在直白阐述的背后，往往蕴含着深刻的洞察和独特的表现角度。关键要抓住最具说服力的卖点，用最简洁、最生动的方式呈现出来，直击受众痛点，激发共鸣。

（2）间接关联

间接关联则采用一种迂回委婉的表达方式，通过隐喻、象征、借代等手法，将产品或品牌与某种情感体验、生活场景及文化符号等建立关联，营造意境，引发联想。这种方式更注重情感诉求，适合成熟期的品牌形象传播。

间接关联看似不着边际，实则暗合主题。它通过一种似是而非的关联，在潜移默化中影响受众的情感和态度，引导他们主动去思考、去体验。这就要求创意要有内涵有深度，关联要巧妙贴切，既不能牵强附会，又要耐人寻味，让受众在细细品味中领悟广告的深意。

3.5.4 关联的策略

在建立关联时，广告创意需要根据产品特点、受众特征及传播目的等，采取不同的策略，或理性诱导，或感性诉求，或情理交融。

（1）理性诱导

理性诱导适用于技术含量高、决策周期长的产品，如汽车、电器或金融服务等。这类广告更注重逻辑论证，通过讲道理的方式，客观全面地介绍产品特性，论证其优点和价值，引导受众基于理性分析做出选择。

理性诱导并非冷冰冰的说教，而是要用事实和数据说话，用专业和权威赢得信赖。同时，在理性中要适度融入情感元素，在严谨中体现人文关怀，让理性分析过程更有温度。

（2）感性诉求

感性诉求则更适合日常消费品或女性用品等类产品，如化妆品、饮料、婴儿用品等。这类广告更注重情感表达，通过温情脉脉的场景渲染、幽默诙谐的风格呈现，让受众在感性体验中接受产品信息，对品牌产生好感。

感性诉求要真正触及人心，就必须以洞察人性为基础，准确把握受众的情感需求。要用真情实感打动受众，要以设身处地的同理心引发共鸣。感性诉求表达看似简单，但要做到入木三分，却需要深厚的创意功底。

（3）情理交融

在现实的广告传播中，纯粹的理性诱导或感性诉求往往不能完全奏效。大多数情况下，都需要做到情理交融，将二者有机结合起来。即在讲道理的同时，适度渗入情感元素；在感性表达时，又要以理性因素作为支撑。

例如凯迪拉克针对不同的受众群体，采取了不同的广告策略：面向女性受众，广告创意更多从生活化的场景出发，渲染温馨浪漫的情感氛围；而面向男性受众，则更侧重从车辆性能、科技配置等方面，理性分析其优势特点。情理交融，各有侧重，广告效果自然事半功倍。

3.6 真实性原则

真实性原则

广告创意的真实性原则是指广告在表达产品信息、塑造品牌形象时，必须坚持实事求是，真实可靠，不能虚假夸大、弄虚作假。这是广告创意必须遵循的基本原则，也是广告法律法规的底线要求。只有坚持真实性原则，广告才能取信于民，维护消费者利益，实现良性传播。

3.6.1 真实性的内涵

广告是企业与消费者沟通的桥梁，其真实性直接关乎企业和品牌的信誉。消费者对一个品牌的认知和信任，很大程度上建立在广告传递的信息基础之上。一旦广告信息失实，就会误导消费者，损害品牌形象，破坏企业与消费者之间的信任关系。

广告真实性要求广告表达要客观、准确和全面，与产品实际相符合，不能有任何夸大、欺骗或误导性陈述。无论是对产品的功能、效用，还是对产品的质量、价格，以及对消费者的承诺等，都必须真实可靠，经得起推敲。即使是艺术化的创意表现，也要以客观事实为基础，不能脱离产品实际。

广告真实性要求广告不能有任何虚假宣传和误导性表述。不能将不具有的功能说成有，将无法兑现的承诺进行可行性包装，更不能用虚假事实、虚假数据来蒙骗消费者。一旦广告信息失实，就会动摇消费者对品牌的信任，产生负面口碑，最终损害品牌形象和美誉度。

3.6.2 真实性的层次

广告的真实性体现在产品信息传播的方方面面，具体可以从三个层次来把握。

（1）产品核心层次的真实性

产品核心层次主要是指产品的功能、效用、内在价值等，是消费者购买产品的根本所在。广告在宣传产品核心价值时，必须客观真实，不能虚假夸大。比如某药品广告宣称"包治百病"，某化妆品广告号称"一夜美白十年"，这些脱离产品实际、过度承诺的表述，都是对广告真实性原则的违背。

产品形式层次主要是指产品的价格、原料、品牌及质感等外在特征。广告在介绍这些内容时，同样要坚持实事求是，不能有任何欺骗性。比如虚报价格、仿冒品牌、以次充好等，都是对广告真实性的违背。

有些广告为了吸引消费者，在价格上做文章，比如标明虚假的原价，再打出惊人的折扣，或者先提价再降价，制造降价假象。这些做法都是对消费者的欺骗，违背了价格的真实性原则。还有一些广告盗用知名品牌，蹭热度、搭便车，这也是对品牌真实性的侵犯，容易对消费者造成误导。

（2）产品延伸层次的真实性

产品延伸层次主要是指与产品相关的附加服务承诺，如售后保障、免费试用、赠品赠送等。广告对这些服务做出承诺时，同样要慎重对待，不能虚假宣传，否则就是对消费者的欺诈。

有些广告为了吸引消费者购买，承诺各种免费送礼，结果兑现时层层设卡，让消费者难以获得。还有些广告夸大售后服务，号称全国联保、免费上门，结果当产品出现问题时，售后服务成了甩手掌柜，使消费者权益难以保障。这些做法都是对服务真实性的违背，损害了消费者利益，最终也会反噬品牌和企业的信誉。

3.6.3 真实性与艺术性的平衡

在坚持真实性原则的同时，广告创意还需要追求艺术性和生动性，提升广告的传播效果和感染力。如何处理好广告真实性和艺术性的关系，就成为广告创意者必须面对的课题。

广告创意的艺术性，指的是广告通过创意的表现手法，将真实的广告信息艺术化地呈现出来，激发受众的情感共鸣。比如通过夸张、比喻、象征等修辞手法，生动形象地展现产品特点；通过情景再现、故事叙述等表现形式，引发受众代入感和参与感。这种艺术化的创意表达，能够增强广告的感染力和说服力。

但是，艺术性绝不意味着脱离真实、任意夸大。再怎么艺术化，也要以客观事实为基础，不能偏离产品的实际属性。再高超的创意，也要接地气、留人情，给受众以真实感和信任感。唯有如此，艺术性才不会背离真实性，而是让真实的广告信息生动立体、引人入胜地呈现出来。

例如一则汽车广告，以夸张的手法展现其性能，将车速比喻为风驰电掣。这虽是一种艺术化表达，但其实质是在形象生动地突出汽车的速度优势，并没有脱离汽车的客观属性。类似地，化妆品广告用青春永驻、容颜焕发来形容其功效，纸尿裤广告用夸张的吸水画面来表现其性能，这些都是用艺术手法表现真实产品信息的恰当范例。

由此可见，广告创意的真实性和艺术性并不矛盾，而是辩证统一、相辅相成的。坚持以真实性为基础，在此前提下追求艺术性，以创新、生动、吸引眼球的表现形式更好地展现真实的广告信息。真实性和艺术性可以有机结合，相得益彰。

第4章　广告的创意思维

本章讨论了不同的创意思维方法在广告中的应用，特别是垂直思维、水平思维、顺向思维和逆向思维。这些思维方法各有优势和局限性，但结合使用时能够相互补充，提高广告创意的质量和效果。广告创意者需要根据具体情况灵活运用这些思维方法，以创造出既吸引人又有效的广告作品。

4.1　垂直思维

垂直思维

垂直思维是一种以逻辑推理为核心，强调思维过程层层递进、环环相扣的思维方式。它要求我们围绕既定方向，沿着特定思路不断向纵深挖掘，一步一步地探索问题的本质，直至找到最优解或突破口。垂直思维犹如挖掘机，能在特定领域不断向下钻探，直击问题核心。

4.1.1　垂直思维的定义与特点

图4-1　垂直思维示意图（图片来源：AIGC生成）

垂直思维，又称纵向思维或逻辑思维，是一种循序渐进、深入探究的思考方式（图4-1）。它遵循严谨的逻辑顺序，沿着一条明确的思路，由浅入深、由表及里地分析问题、解决问题。正如挖井要一锹接一锹向下掘进，盖楼要一砖一瓦向上垒砌，垂直思维讲究环环相扣、步步为营，思路清晰而有条理。

垂直思维的优点是稳扎稳打、思路清晰。依托扎实的知识基础和丰富的经验积累，循着因果逻辑，推理论证，往往能得出比较可靠的结论。然而，其局限性也较为明显。由于思考路径相对固定，容易导致思维僵化，人云亦云，缺乏创新的活力与灵气。

4.1.2   垂直思维在广告创意中的运用

在广告创意领域，垂直思维是一把双刃剑，用得好能直击要害，用不好则容易流于平庸。许多广告创意者习惯于依据经验作判断，从产品属性、消费者习惯等常规角度切入，这种做法往往局限于改良和重版，难以彻底突破思维定式。

例如七喜汽水，曾多次试图从产品定位、口味特色等方面做文章，虽然一度收效不错，但终究难以摆脱同质化的怪圈（图4-2）。类似的还有万宝路香烟，原本锁定女性市场，结果销量惨淡，后来转而瞄准男性消费群体，虽然一时风生水起，但这种机械化的性别定位本质上仍是程式化思维的产物。

图4-2   七喜汽水广告（图片来源：https：//www.163.com/dy/article/E69UH1CP053869T2.html）

即便是可口可乐这样的超级品牌，也曾尝试推出新口味可乐，结果遭到消费者的强烈抵制。单纯迷信数据调查，盲目追求口味创新，而不顾及品牌积淀与文化底蕴，其结果往往适得其反。可见，仅靠垂直思维还远远不够，必须突破条条框框的束缚，从更广阔的视角另辟蹊径。

4.1.3   垂直思维与水平思维的关系

垂直思维与水平思维并不是完全对立的。一个真正有创造力的人，往往能将二者有机结合，灵活运用。如同森林中的树木，垂直生长固然重要，但仅靠向上伸展尚显单薄，还需要水平开枝散叶，才能枝繁叶茂、生机盎然。

垂直思维好比大厦的主体结构，为创意提供基本框架；水平思维则如同装饰装修，让创意更加丰富多彩。二者相辅相成，缺一不可。过度倚重垂直思维易走入死胡同，但完全摒弃垂直思维又容易迷失方向。只有使二者优势互补，才能在继承传统与突破创新之间找到平衡。

下面这组海尔冰箱广告堪称巧妙运用垂直思维的典范。该广告创意团队并没有拘泥于冰箱常规的保鲜、节能等卖点，而是层层深入、步步推进，从"鲜"到"活力"，再到"弹跳"最后到"弹簧"，完美诠释了垂直思维的挖掘过程（图4-3）。

图4-3　海尔冰箱弹簧广告（图片来源：https://www.digitaling.com/）

在这里，垂直思维并非简单的逻辑演绎，而是充满想象力的创造性飞跃。从看似不相干的"鲜活"联想到"活蹦乱跳"，再由"弹跳"跃升为极富视觉冲击力的"弹簧"意象，整个思考过程环环相扣又出人意料，妙趣横生又自成逻辑。可以说，这组广告完美诠释了垂直思维与水平思维的融合。

这组海尔冰箱广告的成功表明，要创造出优秀的广告作品，既要善于纵向挖掘，层层深入，也要敢于横向拓展，跳出思维定式。唯有打破垂直思维与水平思维的藩篱，在二者之间灵活切换，才能不断拓展创意空间，激发创意灵感，创造出更多脱颖而出的精彩作品。

4.2　水平思维

水平思维

水平思维是一种打破常规、跳出框框的创新思维方式。它强调从多元视角、多维度地探索问题，力求跳脱传统思路，寻求全新的解决之道。在广告创意中，水平思维无疑是一把利器。它能帮助广告创意者突破定式，用非常规的方式解构问题，从而激发出与众不同的创意火花。

水平思维强调发散性思考，鼓励我们自由联想、天马行空。这就要求我们敢于质疑既有规则，勇于尝试各种"不可能"的创意路径。譬如，将两个看似风马牛不相及的事物组合，会激发怎样的创意灵感？抑或颠覆产品原有定位，会擦出怎样的火花？唯有放飞想象力，才能孕育非同凡响的创意。水平思维的运用需要一定的技巧与方法。头脑风暴、六项思考帽、曼陀罗思考法等都是水平思维行之有效的训练途径。

4.2.1 水平思维的定义与特点

水平思维，又称横向思维或发散思维，是一种打破常规、突破局限的创新思路（图4-4）。与循规蹈矩的垂直思维不同，水平思维强调多向拓展、百花齐放，善于从不同角度、不同层面观察问题，提出新颖独特的见解。正如英国学者爱德华·德·波诺所言，水平思维能将我们从习以为常的思维定式中解放出来，开辟崭新的思考空间。

图4-4 水平思维示意图（图片来源：AIGC生成）

水平思维的优点是灵活多变、不拘一格。它打破思维的条条框框，跳出惯性的圈圈点点，从意想不到的角度去审视问题，从而激发出别开生面的创意灵感。然而，水平思维也并非万能钥匙。过度发散容易导致思绪涣散、脱离实际，从而得出不切实际的结论。因此，水平思维与垂直思维应相辅相成，优势互补。

4.2.2 自由联想：水平思维的利器

自由联想是水平思维的重要工具。它鼓励我们打破思维的因果链条，跳出既有的逻辑框架，让思绪自由驰骋、天马行空（图4-5）。在自由联想中，看似风马牛不相及的事物往往能擦出意想不到的创意火花。

图4-5 自由联想示意图（图片来源：AIGC生成）

例如，著名的"曼妥思加可乐"实验，正是自由联想的产物。它将两种看似不搭界的东西组合在一起，竟产生了意想不到的化学反应，引发了无数人的好奇与兴趣。这种看似"离经叛道"的联想，恰恰蕴含着巨大的创意潜能。

在广告创意中，自由联想可以帮助我们跳出产品属性的局限，发掘意想不到的表现角度。可口可乐的"快乐重生"可乐瓶创意就是一例（图4-6）。它并未拘泥于可乐本身的口感、价格等常规卖点，而是

图4-6 "快乐重生"可乐瓶创意（图片来源：https：//weibo.com/ttarticle/p/show？id=2309404778546835882171）

将目光投向了消费者手中的空瓶。通过创意瓶盖，让废弃的可乐瓶变身为有趣实用的生活用品，不仅实现了可乐瓶的环保再利用，更以创意的方式延续了畅饮可乐的欢乐体验。

这些案例启示我们，创意无处不在，关键在于敢于打破思维的藩篱，放飞想象的翅膀。通过自由联想，从平凡中发现不平凡，从司空见惯中找到独特视角，为广告创意注入源源不断的新鲜活力。

4.2.3　突破常规：水平思维的根本追求

突破常规、挑战权威是水平思维的根本追求。它鼓励我们打破习以为常的思维定式，质疑既有的规则标准，从全新的角度去重新审视问题。正如爱因斯坦所言："提出一个问题往往比解决一个问题更重要。"水平思维就是要学会提出问题，挑战看似不可能的可能。

例如"小孩租房"的故事就是一个生动的案例。一家三口想租房，房东不想租给有孩子的住户，夫妻俩无奈地准备离开。这时五岁的孩子又折回去敲门，并对房东说道："老大爷，我要租房，我没有孩子，只有两个老人。"房东听后高声大笑，并把房子租给了他们。面对"有娃不租"的僵局，使用常规思维往往会陷入死胡同。这个五岁的孩子，出其不意地颠倒了逻辑，化被动为主动，以"小孩带大人"的逆向思维解决了问题。

在广告创意领域，突破常规的案例比比皆是。酒文化历来以男性视角为主导，但百加得朗姆酒的广告却另辟蹊径，从女性视角出发，塑造了特立独行、敢爱敢恨的"朗姆女郎"形象。这种颠覆传统、突破性别刻板印象的创意，不仅为品牌注入了鲜明个性，也唤起了女性消费者的强烈共鸣。

4.3　顺向思维

图4-7　顺向思维示意图（图片来源：AIGC生成）

顺向思维，也称常规思维或传统思维，是人们习以为常的思考模式。它遵循由上到下、由小到大、由左到右、由前到后、由低到高的自然顺序，按部就班地分析问题、解决问题（图4-7）。在现实生活中，绝大多数人都在使用顺向思维。

顺向思维讲求层层递进、环环相扣，思路清晰有条理。它善于抓住事物的因果关系，顺势而

顺向思维

为，符合人们的思维惯性。在一些简单、常规的场合，运用顺向思维，往往可以快速高效地找到答案。

4.3.1 广告创意中顺向思维的运用

在广告创意领域，顺向思维是一种基本且实用的思维方法。它从产品的属性、功能及卖点等相关信息出发，直截了当地体现产品优势，突出产品价值，传达品牌主张。它用形象生动、通俗易懂的表现手法，让消费者一目了然地接受广告讯息。

泰国创意杀虫剂广告就是典型的顺向思维案例（图4-8）。该广告用夸张搞笑的拟人化手法，生动展现了蟑螂们被杀虫剂消灭的惨状。它虽然采用了泰国广告独特的鬼畜风格，但思路却是非常直接明了的：杀虫剂——杀虫——虫子惨死，一气呵成，将产品功效表现得淋漓尽致。消费者看完广告，立马领悟到这款杀虫剂的强大杀伤力，达到了非常好的广告效果。

图4-8　泰国创意杀虫剂广告（图片来源：https://www.digitaling.com/）

类似的顺向思维还有"头屑——没人喜欢你——没人喜欢头屑——海飞丝"洗发水广告。它抓住产品去屑功效这个主要卖点，结合消费者洁癖心理，直击要害，一句"头屑，没人喜欢你"，既点明产品的关键属性，又唤起消费者的共鸣，可谓一石二鸟，堪称经典。

由此可见，在广告创意中灵活运用顺向思维，紧扣产品特点，突出产品利益，能快速有效地实现广告目标，令人印象深刻。

4.3.2 顺向思维的局限性

任何事物都有其两面性，顺向思维也不例外。它也存在一定的局限性。顺向思维容易使人产生思维定式。长期按照某种固有模式思考问题，就可能对问题先入为主，对其他可能性视而不见，导致思维僵化、创意匮乏。《题西林壁》云："横看成岭侧成峰，远近高低各不同。"也是提醒我们要跳出思维定式，从多角度、多侧面去观察事物。

当所有人都循规蹈矩地进行顺向思考时，广告创意就很难出新出彩。一味重复"×××多好用""×××让你怎样怎样"的套路，消费者对此早已审美疲劳。要想在竞争激烈的广告环境中异军突起，仅靠顺向思维远远不够，还必须另辟蹊径。

顺向思维往往忽视消费者的感受。苛刻的说教口吻、生硬的推销方式很容易引起反感。消费者已不再是单纯的接受者，而是有思想、有个性、有主见的群体。如何用他们的语言讲好品牌故事，需要广告创意者以同理心换位思考。

当然，这并不是说要彻底否定顺向思维。作为一种基础性的思维方法，顺向思维是广告创意不可或缺的。关键是要讲究适度，杜绝生搬硬套；要学会创新，在传统的基础上寻求突破；要善于换位，真正走进消费者内心。

顺向思维是一条熟悉顺畅的"官道"，逆向思维是一条崎岖有趣的"羊肠小道"。广告创意贵在出新出奇，平凡中见惊喜。唯有多元并举，博采众长，才能在纷繁芜杂的广告创意中，既稳健前行，又另辟蹊径，创造更多精彩纷呈的作品。

逆向思维

4.4 逆向思维

逆向思维，即反常规、反传统的思维方式，鼓励我们从与众不同的角度审视问题和解决方案。在广告创意中运用逆向思维，可以帮助创意人员跳出常规思维的框架，找到更具创新性的表达方式。

4.4.1 逆向思维的类型

（1）反转型逆向思维

运用反转型逆向思维的广告创意策略，其核心在于通过完全颠覆常规预期，采取与众不同的方式来表达或解决问题。例如，当其他裁缝店都在强调自己是"全市最好"或"全区最好"时，某家裁缝店选择了"本街最好的裁缝店"，通过缩小而非扩大范围，成功吸引了更多顾客的注意。

（2）转换型逆向思维

转换型逆向思维是指在传统方法无效或不可行的情况下，通过改变思考角度或解决问题的方法来寻找新的解决方案。这种思维方式要求摆脱固有思维模式，从全新视角审视问题，从而启发创新思考和非传统的解决策略。

例如，一家时装店的经理将一件因烧洞而可能报废的高档裙子改造为创新的"凤尾裙"，不仅解决了损坏的问题，还创造了新的时尚产品。

（3）缺点逆向思维

运用缺点逆向思维的广告创意策略是一种创造性的策略，它挑战传统的市场营销观念，通过将产品的缺点或情况的劣势转化为营销优势，利用这些不完美的特质来吸引消费者。这种方法不仅展示了品牌的诚实和透明度，还能够以独特的方式与目标市场建立情感连接。

例如，大众甲壳虫汽车广告。在20世纪60年代，当时的汽车广告普遍强调车辆的性能和豪华程度。然而，大众甲壳虫汽车的广告采用了完全相反的策略，它突出了汽车的小尺寸，并以"Think Small（想想还是小的好）"作为广告语（图4-9）。这种策略成功地将一个潜在的缺点转化为一个吸引消费者的优势，特别是对于需要频繁寻找停车位的城市消费者而言。

再如Avis（艾维斯）租车公司的"我们排名第二"广告。Avis租车公司在面对市场领导者赫兹租车公司的竞争压力时，采用了一种独特的广告策略——我们排名第二，所以我们更加努力。这种坦诚的表达方式和将不是市场领导者的事实转化为提供更好服务承诺的策略，赢得了大量消费者的好感和业务的增长。

通过这些实例，我们可以看到，缺点逆向思维广告创意不仅是一种克服挑战的策略，更是一种创造机会的方法。它鼓励品牌和企业以创新的视角看待问题，将潜在的弱点转变为与消费者建立深刻连接的机会。

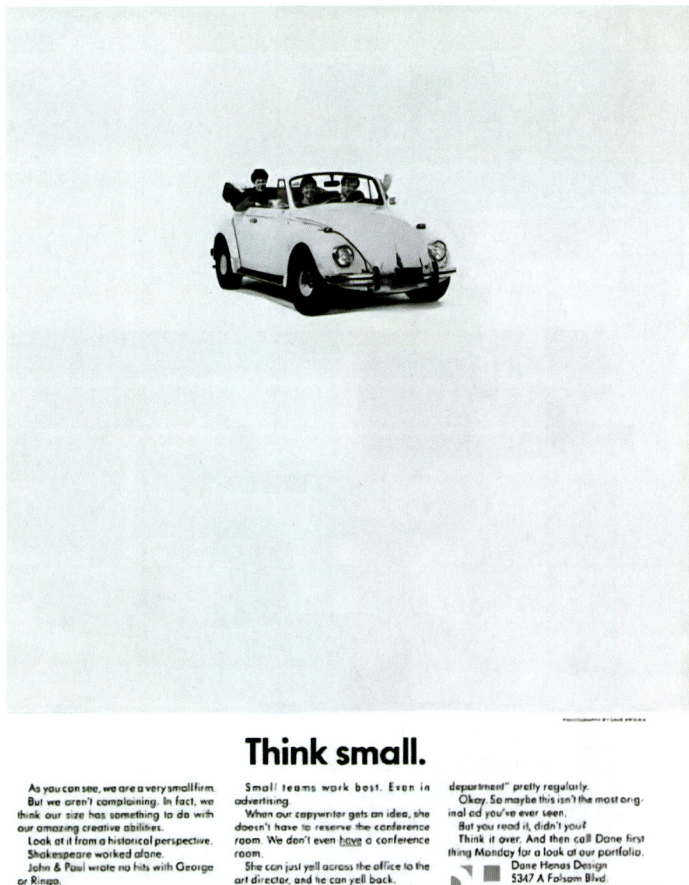

图4-9　大众甲壳虫汽车广告

（图片来源：https://www.kuaimenkeji.com/website/a/dWFjMndpVGtiQlJ0bWtNRzE1TU5vZz09fGE.html）

4.4.2　逆向思维的优势

逆向思维，作为一种反传统的思考方式，为广告创意和解决复杂问题提供了独特的方案。通过挑战常规思维和翻转传统视角，逆向思维不仅能激发创新创意，还能在许多情况下提供简捷有效的解决策略。

（1）独特性

逆向思维促使广告创作摆脱常规，创造出独一无二的广告宣传，更容易抓住目标消费者的注意力。例如，某品牌可能在其广告中开玩笑地批评自己的产品（如某快餐品牌自嘲其汉堡看起来不如广告中那么完美），这种策略可以打破消费者对品牌的传统期待，以一种幽默和自嘲的方式增强品牌的亲和力。

逆向思维不仅促使广告内容更具独特性，也为品牌构建了独一无二的市场地位。这种策略的成功依赖于广告创意者的勇气和创新能力，以及对目标市场深刻的理解。

（2）解决难题

在传统方法无法解决的问题面前，逆向思维提供了一种全新的解决途径，往往能找到意想不到的解决方案。例如，当汽车制造商面临油价上涨和环境压力时，电动汽车行业采用逆向思维，不是简单地提高燃油效率，而是完全摒弃传统的内燃机，转而开发电动汽车。这种逆向思维最终推动了整个汽车行业向电动汽车方向转型。通过这种逆向思维方法，个人和企业不仅能找到新的解决问题的方法，还能在竞争中获得优势，引领行业发展的新方向。逆向思维不只是一种思考技巧，更是一种策略工具，可以在复杂和不断变化的环境中为我们提供解决难题的新途径。

（3）创新驱动

逆向思维是创新的催化剂，能够激发团队的创意潜能，推动广告创意向更深层次发展。逆向思维在创新过程中起着至关重要的作用，它不仅挑战传统的思考方式，还能激发团队的创意潜能，从而推动广告创意和产品创新向更深层次发展（图4—10）。通过颠覆常规的思维模式，逆向思维能开启新的创意通道，挖掘隐藏的创新机会，从而引领市场和技术的发展。

图4-10 创新驱动示意图（图片来源：AIGC生成）

第5章　广告创意表现的设计要素

在广告设计中，成功的创意表现不仅需要创新的思维和精确的市场定位，还需要对设计要素的深刻理解和娴熟运用。本章将详细介绍广告创意表现中的关键设计要素，包括色彩、图形、文字、布局和符号等，并分析这些要素如何协同工作以增强广告的视觉吸引力和传达效果。

5.1　色彩概述

色彩的特征

色彩是视觉艺术中最具表现力的元素之一，它在广告设计中扮演着至关重要的角色。色彩理论基于色轮，色轮展示了颜色之间的关系，包括主色（红、蓝、黄）、次级色（由两种主色混合而成），以及更复杂的三级色（主色和次级色的混合色）的色彩特征。

理解色轮可以帮助设计师创建色彩的和谐与对比，这对于设计具有视觉吸引力的广告至关重要。不同的颜色可以激发不同的情绪反应，例如红色常常与激情、力量相关联，而蓝色则给人以平静、可靠的感觉。在广告中，通过策略性地选择色彩，设计师可以在无形中引导消费者的感受和反应。

色彩的象征意义在不同的文化背景中可能有所不同。例如，在西方，白色通常与纯洁和和平相关，而在东方，白色可能与丧事相关联。广告设计师需要对这些文化差异有深刻的理解，以确保广告信息在不同的文化背景中正确地传递。在广告中运用色彩时，设计师需要考虑色彩的可视性、吸引力及与广告目的的契合度。使用高对比的色彩组合可以提高广告的可读性和视觉冲击力，而和谐的色彩搭配则可以让广告更加愉悦和吸引人。

通过深入理解和运用色彩理论，广告设计师可以有效地利用色彩来增强广告的传播效果，使广告不仅具有视觉吸引力，还能在情感上与消费者产生共鸣，从而起到更好的市场效果。

色彩的传达功能

5.2 色彩的传达功能

在广告设计中，色彩不仅仅是一种视觉元素，更是一种强有力的传达工具。恰当地运用色彩，可以吸引观众的注意力，传达品牌形象，引发情感共鸣，从而起到广告预期的效果。下面将详细介绍色彩在广告中的两大传达功能：吸引注意力和传达品牌形象。

5.2.1 吸引注意力

在信息爆炸的时代，广告设计如何在竞争中脱颖而出，吸引观众的注意力至关重要。色彩作为最直观、最具冲击力的视觉元素之一，在吸引注意力方面有着独特的优势。鲜艳、明快的色彩更容易吸引眼球。例如，麦当劳鲜红色和黄色的组合，已经成为快餐行业一种标志性的色彩搭配（图5-1）。这种高饱和度、高明度的色彩对比，在视觉上极具冲击力，能够迅速抓住观众的注意力。

图5-1　麦当劳标志性的红黄配色（图片来源：https://www.nipic.com/show/40835857.html）

5.2.2 传达品牌形象

色彩不仅能吸引注意力，而且能传达品牌的个性和价值观。每一种颜色都有其独特的情感属性和文化内涵，设计师可以通过色彩来塑造品牌形象，与目标受众建立情感联系。

举例来说，环保、健康类的品牌常常采用绿色作为主色调，因为绿色象征着大自然、生命力和平衡。而蓝色则常用于科技、金融类品牌，以传达专业、可靠、稳健的形象。奢侈品牌则偏爱黑色、金色等具有高级感的色彩，以彰显品牌的尊贵地位。

5.2.3 色彩作为视觉符号的传达功能

色彩是广告设计中一种重要的视觉语言，它不仅能吸引受众的注意力，而且能传达品牌的情感诉求。作为一种视觉符号，色彩承载着丰富的文化内涵与情感意蕴。恰如其分的色彩运用，能够深化受众对品牌形象的理解，增强情感共鸣。

以下面的香奈儿5号香水广告为例，设计师运用了正红、正蓝、纯黑以及纯金等亮丽色彩，既突显了产品的独特个性，又给人以强烈的视觉冲击，极大地调动了观众的心理暗示，增强了消费者对香水的渴望（图5-2）。这是色彩成功传达品牌诉求的典范。

图5-2 香奈儿5号香水广告（图片来源：香奈儿5号香水广告片段）

再以迪奥香水的广告色彩为例。迪奥真我香水广告中，华贵典雅的金黑配色彰显出产品的尊贵气质；而蓝色毒药香水广告则以梦幻而神秘的宝蓝色，将激情与渴望碰撞出火花。二者虽风格迥异，但都巧妙运用色彩传达了品牌个性。由此可见，色彩作为视觉符号，在品牌形象塑造与情感表达中不可或缺。设计师只有从品牌定位出发，精心选择、巧妙搭配色彩，方能触动人心，引发共鸣。

5.2.4 冷暖色调的情感传达

色彩的冷暖属性是普遍适用的。一般而言，红、橙、黄等暖色调给人以热情、兴奋之感，常用于节庆、婚庆等喜庆场合；而蓝、青、紫等冷色调则易唤起冷静、理性的情绪，多见于数码、金融等行业。

以宝洁公司飘柔、潘婷、海飞丝这三款洗发水包装为例。杏黄色的潘婷让人联想到营养丰富，草绿色的飘柔青春洋溢，海蓝色的海飞丝则如清风拂面，凉爽怡人。设计师以恰如其分的色彩，生动传达了三款产品的个性特点（图5-3）。

再如盖天力感冒药的"黑白分明"广告。其中，白色代表白天服用，保证不犯困；黑色代表夜间服用，保证睡眠质量。这种简洁直观的色彩传达，让消费者一目了然，也让产品在短时间内脱颖而出。

由此可见，色彩冷暖属性所蕴含的情感体验是广告创意的重要切入点。设计师需要深刻洞察色彩的内在意义，用冷暖色调传达品牌个性，引发情感共鸣。

图5-3　宝洁三款洗发水的产品包装（图片来源：百度）

图5-4　色彩的对比与调和
（图片来源：AIGC生成）

5.2.5　色彩对比与调和的艺术

色彩的传达功能，不仅体现在单一色调的运用中，更体现在色彩的对比与调和中（图5-4）。色彩对比能制造视觉冲击，吸引受众注意；而色彩的和谐统一，则能营造整体氛围，传递品牌气质。二者相辅相成，缺一不可。

在色彩对比的运用中，设计师常常借助色轮寻找灵感。位于色轮直径两端的互补色，如红与绿、蓝与橙、紫与黄，能形成最为强烈的视觉对比效果。而色轮上相邻的类似色，如红与橙、蓝与紫，则能营造出微妙的层次变化。

当然，过度的色彩对比也可能带来视觉疲劳，甚至喧宾夺主。因此，设计师还需要注重色彩的调和统一。通过明度、纯度的调节，巧妙平衡色彩之间的关系，营造和谐统一的整体印象，传达品牌的气质内涵。

由此可见，色彩对比与调和是一个微妙的平衡过程。设计师既要敢于采用对比色制造视觉冲击，又要善于统筹兼顾，将色彩组合成和谐的整体。唯有如此，方能最大限度地发挥色彩的传达功能。

5.2.6　色彩的象征与联想

在广告创意与表现中，色彩不仅仅是视觉上的装饰，更是传递情感和象征意义的重要工具。不同的色彩能唤起人们的不同情绪，触发相关联想，引发积极或消极的情绪反应，从而增强广告信息的传递效果。因此，广告设计中色彩的运用要充分考虑其象征意义与情感内涵。下面将探讨几种常见色彩的象征意义及其在广告中的应用实例。

红色常被视为最具吸引力的颜色，它象征着热情、活力和喜庆，同时也是危险和警示的标志。在广告设计中，红色常用于吸引注意力和激发消费者的购买欲望。例如，麦当劳的品牌形象中就广泛使用了红色，以此来提高食欲并快速传达快餐的特性（图5—5）。

图5-5 麦当劳品牌形象中广泛使用红色（图片来源：https://zhuanlan.zhihu.com/p/561175375？utm_id=0）

黄色是光明、希望和高贵的象征。它的明亮和温暖能给人带来幸福感，常用于创建积极、乐观的品牌形象。宜家的广告中就经常使用黄色来表达家的温馨和舒适（图5—6）。

图5-6 宜家家居广告中黄色的运用（图片来源：https://www.ikea.cn）

蓝色通常与和平、稳定及专业相关联，广泛用于银行和科技公司的标志中，以传达信任和可靠性（图5-7）。同时，蓝色也有助于创造一种宁静和清新的观感，适合用于表达清洁和新鲜的产品特性。

绿色是自然、生长和健康的象征，经常用于环保和有机产品的广告中，以表达产品的天然和安全性。在特定的文化或地区背景下，绿色的意义也会有所不同。例如，可口可乐在沙特阿拉伯推广时采用绿色代替其典型的红色标志，以更好地与当地文化和象征意义相融合（图5-8）。

金色常常象征着尊贵与奢华，因此常被用于高档商品的包装设计中。以金色为主色调，配以精致的饰带装点，能给人以富丽堂皇之感，彰显品牌的奢侈品位（图5-9）。

纯白色往往代表纯洁、干净，多用于婴幼儿、医疗等领域，传递纯净、安全的品牌形象。

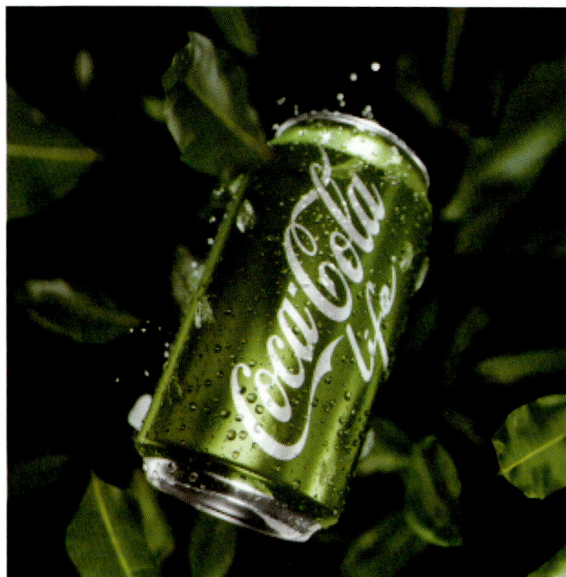

图5-7　浦发银行广告海报
（图片来源：https://huaban.com/pins/251423537）

图5-8　可口可乐在沙特阿拉伯的推广礼盒（图片来源：https://huaban.com/）

图5-9　金色的包装设计
（图片来源：https://huaban.com/）

色彩的象征意义也与文化背景密不可分。在中国传统文化中，红色象征喜庆吉祥，因此常用于节日庆典、婚庆等喜庆场合（图5－10）。以红色为主色调的广告，能唤起人们对美好生活的向往，传递欢乐祥和的情感体验。

图5－10　喜庆的中国红（图片来源：http：//www.chenbing.gtn9.com/index.aspx）

由此可见，色彩的传达功能不仅局限于视觉层面，还延伸至情感体验和文化意蕴。设计师需要深入了解色彩的象征内涵，根据不同的文化语境和传播诉求，恰如其分地运用色彩，引发受众的情感共鸣。

5.2.7　色彩搭配

色彩传达的有效性，很大程度上取决于色彩搭配的艺术性。设计师只有在色彩的对比与和谐、冷暖与色调等方面下足功夫，才能创造出令人印象深刻的视觉效果。

色彩的对比能产生强烈的视觉冲击，但过于强烈的反差可能会适得其反。设计师需要在对比中寻求和谐，在统一中追求变化，从而使画面既有张力，又不失平衡。

冷色与暖色能营造截然不同的情感氛围。例如，婚庆广告多用暖色调渲染喜庆、浪漫的氛围（图5－11），而数码产品广告则常用冷色系，突出科技感和专业感（图5－12）。设计师需要根据产品属性和传播诉求，合理选择冷暖色调。

在广告创意中，主题色、辅助色、点缀色的比例大致为7：2：1，这一比例有助于确保画面的和谐统一。当然，该比例只是参考，在实际设计中还需要根据具体情况进行灵活调整。

图5-11　暖色
（图片来源：AIGC生成）

图5-12　冷色
（图片来源：AIGC生成）

5.3　图形语言的特征

图形语言的特征

5.3.1　图形语言在视觉传播中的优势

在信息爆炸的时代，人们的阅读习惯正发生着巨大变革。传统的文字阅读逐渐被图像、声音等多媒体信息所挤压，图形传播日益广泛。相较于文字语言，图形语言凭借其独特的视觉冲击力、感染力和识别度，在广告创意中大放异彩。如全国大学生广告艺术大赛H5赛道一等奖作品全部为图形视觉强烈的作品（图5—13）。

图5-13　全国大学生广告艺术大赛H5赛道一等奖作品（图片来源：第十五届全国大学生广告艺术大赛作品集电子版）

图形语言之所以备受青睐，根本在于其得天独厚的视觉传播优势。图形语言能直击人心，激发情感共鸣；能跨越语言藩篱，实现无障碍沟通；能增强广告的趣味性和生动性，令人印象深刻。可以说，图形语言是当代广告创意的利器。

5.3.2　视觉冲击：图形语言的首要特征

图形语言最显著的特点，莫过于强烈的视觉冲击力。通过巧妙运用造型、色彩等要素，图形能直观地表达创意者的情感观念，给受众以震撼的视觉体验。2022年，科罗娜啤酒在英国海滨城市布莱顿海边，立了一块特殊的广告牌。该广告牌通过太阳光照投射出周围绿植的影子而呈现出完整的科罗娜啤酒图形（图5-14）。这与科罗娜啤酒广告语"源自自然世界"不谋而合。

图5-14　科罗娜啤酒海边广告牌（图片来源：https://www.xiaohongshu.com）

常见的视觉冲击手法有：色彩诱导、光影对比、动态光感、突破图形本身的视觉平衡等。例如，图5-14这组户外创意广告，就充分运用了色彩对比和夸张的造型，瞬间抓住了行人的眼球。

图形的视觉冲击并非追求表面的华丽炫目，而是要引发受众的注意，并延长其停留时间，从而实现有效的信息传播。唯有如此，视觉冲击才不会沦为过眼云烟。

5.3.3　感染力：图形语言的情感表达

图形语言的另一显著特征是其强大的感染力。与单纯的文字说理相比，生动形象的图形更能直击人心，唤起情感共鸣。这种感染力源于图形所蕴含的丰富内涵和创意表达。

以这则《不要浪费粮食》的公益广告为例（图5-15）。画面以盛有剩饭残羹的餐盘为主体，周围簇拥着众多饥肠辘辘的人，形成了鲜明的视觉反差。这种创意表达，形象地呼应了主题，震撼人心，引发受众对粮食浪费问题的深思。图形的感染力不仅源于表象的视觉刺激，还在于其巧妙传递的观念立意。唯有创意与内涵并重，方能真正打动人心。

图5-15　《不要浪费粮食》公益广告（图片来源：AIGC生成）

5.3.4 识别性：图形语言的记忆优势

相较于晦涩抽象的文字，简洁明快的图形无疑更容易被人识别和记忆。这是图形语言的又一特点。正是基于这一特点和优势，当今许多企业纷纷借助VI（视觉识别）系统，以图形为载体塑造品牌形象，提高品牌认知度。

这组涂料广告就是典型的例子（图5—16）。设计师以折叠色卡的创意形式，生动展现了产品的特性，并巧妙融入家居元素，直观地传达了产品信息。这种简洁明快的表达方式，有效提升了产品的识别度和记忆度。

图5-16 涂料广告（图片来源：AIGC生成）

由此可见，图形语言之所以易于识别和记忆，关键在于其鲜明的视觉特征和物理属性，以及其与受众生活的紧密联系。设计师需要发掘产品典型的图形特征，并赋予其生动的创意表达，方能为品牌留下深刻印记。

5.3.5 无障碍：图形语言的跨文化优势

图形语言的另一独特优势，在于其超越语言文字的无障碍传播性。与依赖翻译的文字信息不同，图形语言如同自然景物一般，能被不同文化背景的受众直观理解，从而实现无障碍沟通。

以下面这则餐具广告为例（图5—17）。尽管语言文字或有不同，但这个巧妙结合产品特性与广告创

图5-17 餐具广告（图片来源：AIGC生成）

意的图形表达，依然能直观地传递产品信息，引发跨文化受众的共鸣。

在全球化时代，图形语言的无障碍传播优势尤为突出。设计师需要运用国际化的图形元素与表现手法，创造出超越文化隔阂的优秀广告作品，从而助力品牌的全球传播。

5.3.6　趣味性：图形语言的生动表达

图形语言的魅力，还在于其生动有趣的视觉表现。与单调的文字说理不同，富有美感的图形创意，常常能一目了然地吸引受众眼球，激发受众的阅读兴趣，加深受众的印象。

这则卫士通耳机广告就是典型的例子（图5-18）。设计师将蚊蝇等嘈杂声源巧妙比拟为音符开关，通过视觉化的创意表达，生动传递了产品超静音的卖点。这种生动有趣的图形语言，易让人过目不忘。

由此可见，趣味盎然的图形表达是提升广告传播效果的法宝。设计师需要打开创意思路，用心挖掘产品的闪光点，并以生动有趣的图形语言呈现出来，可令人眼前一亮，印象深刻。

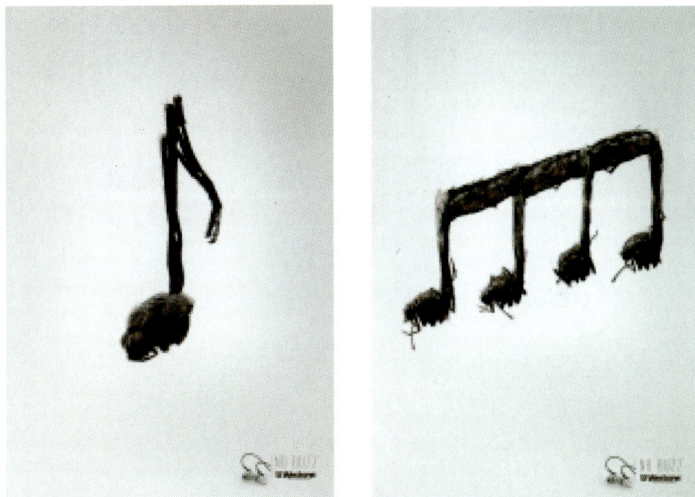

图5-18　卫士通耳机广告

（图片来源：https://huaban.com/）

5.4　图形设计在广告中的运用

图形设计的运用

图形是广告创意表现中不可或缺的视觉元素之一。作为一种特殊的视觉化语言符号，图形集概念、艺术和技术于一身，以其强烈的视觉冲击力和艺术表现力，吸引受众注意，传递信息，在各类广告中发挥着关键的作用。下面将重点介绍图形设计在广告创意中的运用原则和策略。

5.4.1　图形设计在广告中的作用

一个成功的广告图形设计应能清晰、简洁地传达关键信息。图形需要与广告文案紧密配合，以确保视觉元素与文字内容协调一致，从而强化信息的传递。图形设计可以将复杂的信息以视觉化的形式简化，使受众能够快速理解和接受。

图形设计在广告中的一个重要作用是传达情感和讲述故事。通过具象或抽象的图形图像，设计师可以激发观众的情绪反应，建立起观众与品牌的情感连接。这种情感的触动不仅增强了广告的感染力，还能深化观众对品牌信息的记忆。

图5-19　品客薯片的AR包装

（图片来源：https：//www.digitaling.com/）

在品牌广告中，图形设计有助于建立和维护品牌识别。一致的视觉风格和标志的使用，以及图形元素的重复出现，能帮助消费者识别和记住品牌。这种视觉上的一致性是构建品牌信任和忠诚度的关键因素。

随着广告行业的发展，图形设计也在不断地吸纳新的技术和创意趋势。现代广告中运用的交互图形、增强现实（AR）技术和虚拟现实（VR）技术等，都是图形设计创新应用的例证。这些技术不仅增强了广告的吸引力，还提供了新的互动方式，提升了广告的参与度和影响力。品客薯片推出的AR包装和滤镜小游戏，通过扫描薯片包装上的品客Logo，消费者在参与游戏的同时，可以了解品牌的多样性（图5-19）。

5.4.2　图形设计在广告中的运用原则

有效的广告图形设计应遵循以下基本原则，以确保每个设计都能有效地支持广告的目标和策略。

（1）精准性原则

广告图形设计必须与产品的市场诉求紧密结合，应立意明确，准确无误地传递产品信息，并引导消费者的行为。一个巧妙的图形创意不仅能够给人留下深刻的印象，还能有效激发消费者的购买欲望。

（2）简洁性原则

在广告中，简洁的图形设计可以帮助受众在极短的时间内抓住关键信息，从而增强广告的传播效果。通过精简的构图和明确的内容展示，可以有效地体现广告的简洁性，使广告信息更加直观易懂。清晰的视觉层次和避免过度装饰的设计能够减少视觉干扰，确保观众能快速吸收和理解广告内容。图5-20的禁烟广告将吸烟与脐带联系起来，通过共生图形表达母亲吸烟对婴儿的危害。

图5-20　禁烟广告

（图片来源：https：//huaban.com/）

（3）趣味性原则

趣味性的广告可以大大增加受众的参与度和广告的吸引力。通过使用富有创意的图形设计，如动画、卡通形象或拟人化的元素，可以使广告更加生动和有趣。这种方法不仅能够轻松吸引观众的注意力，还能在无形中增强信息的记忆度，刺激消费者的情感反应，从而更有效地推动产品的销售。

（4）一致性原则

保持图形设计的一致性是建立品牌识别度和信任感的关键。广告中的图形元素应与品牌的其他视觉表现（如标志、色彩方案等）保持一致，以形成统一的品牌形象。一致性的设计不仅能帮助消费者识别和记住品牌，还能传递出企业的专业性和可靠性。

（5）动态性原则

在数字广告和社交媒体广告的设计中，动态图形元素如视频、GIF动画等越来越受到重视。这些元素能够有效地吸引观众的注意力，并增加广告内容的传播潜力。动态图形设计不仅提升了广告的视觉效果，还能通过动作和变化增强广告的叙事深度，使广告信息更加引人入胜。

5.4.3　图形设计在广告中的运用策略

（1）突出核心信息

图形元素应围绕核心信息设计，确保它能即刻抓住观众的注意力并留下深刻的印象。Hieldtox Naturgard杀虫剂的一则广告（图5-21），其图形设计通过模拟动物捕食害虫的自然场景，强化了杀虫剂与"自然"和"强效"的概念联系。将该自然场景转化为人类的喷射手势，这种创意的视觉合成不仅吸引了观众的眼球，也进一步强调了产品使用的方便性。

图5-21　Hieldtox Naturgard杀虫剂广告（图片来源：http：//madisonboom.com）

（2）创意与主题的一致性

成功的图形设计必须与广告的主题和品牌形象紧密相连。设计师应确保所有的视觉元素如颜色、形状和图像等都与广告的主题相呼应，共同构建一个连贯且有说服力的叙述。例如，一个环保产品的广告可能会采用绿色调和自然元素来强化其可持续性的信息。

汤达人泡面广告将泡面盖与锅盖外形相结合，以具象化的方式设计图形，将原料制作载体与泡面包装形式相结合，表达产品的原汁原味（图5-22）。通过制作场景模拟原材料的真实感，进而激发观众的味蕾，形象地表达食品带来的浓厚味觉信息。

图5-22　汤达人泡面广告（图片来源：https：//www.sohu.com/a/151525513_99914024?_trans_=000019_wzwza）

（3）利用视觉层次

有效的图形设计应利用视觉层次来引导观众的视线流动，从而有序地展示信息。通过对图形元素的大小、颜色对比度及布局进行精心安排，可以创造出引导观众从最重要的信息开始，逐步吸收其他细节的视觉路径。这种策略不仅提高了信息的接收效率，还提升了广告的整体美感和专业性。

例如全国大学生广告艺术大赛H5赛道二等奖作品（图5-23）通过帧数的变化逐步展现图形信息，引导观众进入娃哈哈汽水世界。

图5-23　娃哈哈汽水广告作品（图片来源：第十五届大学生广告创意大赛作品集电子版）

（4）适应不同媒体的需求

在多平台广告活动中，图形设计需要适应不同媒体的特点和要求。例如，社交媒体广告可能需要以动态和引人注目的图形来吸引用户在滚动画面中的注意力，而印刷广告则可能侧重于细节和色彩的精准表达。理解各种媒介的视觉需求和限制对于设计有效的广告至关重要。

5.4.4　图形与文字的有机融合

图形创意对广告设计的重要性不言而喻。然而，图形并非孤立存在，而是需要与文字信息有机融合，共同传达广告主题。优秀的广告设计需要在图形和文字之间找到平衡，发挥二者的各自优势，创造出完美的视觉传播效果。例如，图5-24的品客薯片广告创意，将原材料的质感与广告语的文字设计相结合，以文字图形化的方式准确表达广告信息（图5-24）。

图5-24 品客薯片广告创意（图片来源：https://huaban.com/）

图形设计在广告创意表现中扮演着关键的角色。设计师需要掌握图形设计的基本原则，运用恰当的策略，将图形与文字、主题巧妙融合，方能创造出震撼人心的广告作品。只有不断探索和实践，才能充分发挥图形设计在广告领域的巨大潜力。

广告中的文字　　　广告文字的功能

5.5 文字在广告中的功能体现

广告中的文字不仅是信息的传递工具，还具有吸引注意、提高认知、增强情感连接等多重功能。下面将详细介绍文字在广告中的多功能性，展示如何通过精心设计的文字提升广告的整体效果。

文字在广告中不仅能传递信息，还能增强品牌识别。通过一致的字体风格和语言调性，消费者即便只是快速浏览，也能迅速识别出品牌（图5—25）。

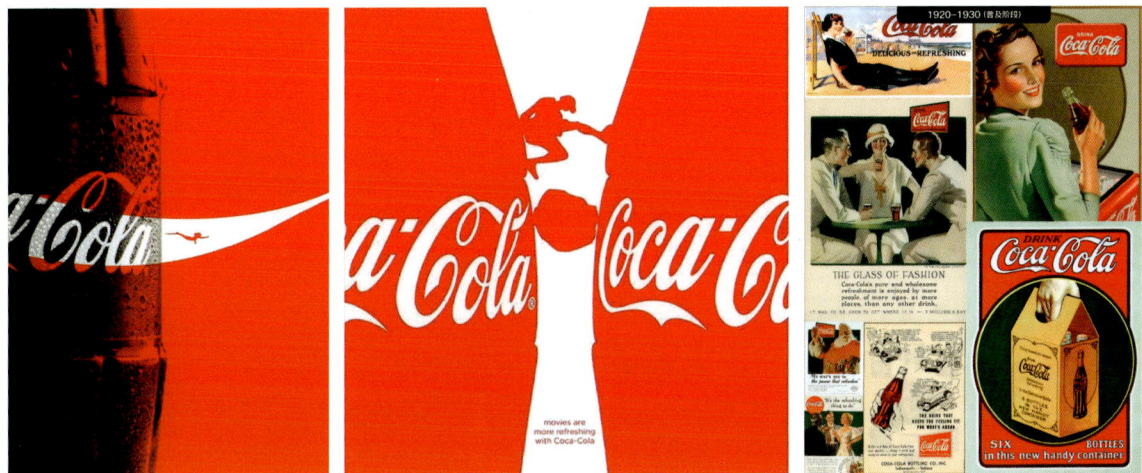

图5-25 文字的功能在可口可乐广告中的体现（图片来源：https://huaban.com/）

通过字体的排版和设计，文案不仅能传达信息，还能美化广告版面，增强视觉吸引力。合适的文字布局可以加强信息的传递效果，提高广告的整体美感。

文字与图形设计相结合，可以更有效地传达广告信息。适当的文字可以补充图形可能传达不清的细节，共同完成品牌信息的全面展示（图5-26）。

图5-26　文字与图形相结合的广告示例（图片来源：https：//mp.weixin.qq.com/s/C1KbwwSlFyCZyRIWDgzAlg）

通过以上详细的介绍，可以看出文字在广告中的多功能性。它不仅能传递信息，还能加强视觉冲击力、提高品牌识别度及辅助图形表达。文字是广告创意不可或缺的一部分，其精确运用可以显著提升广告效果。

第6章　广告的版式设计

本章将详细介绍广告版式设计的概念、重要性、原则和具体技术等。广告版式设计是在创意基础上，通过有效组织和排列视觉元素（如文字、图形、色彩等）来创造具有传播力和美感的广告作品。版式设计对于吸引观众、引导视线、传达信息和塑造品牌形象至关重要。通过对广告版式设计的深入理解和实践，广告设计师可以创造出既具有视觉冲击力又能有效传达信息的广告作品，进而在激烈的市场竞争中赢得优势。

6.1　广告的版式设计概述

广告的版式设计概述

在数字媒体飞速发展的时代，广告版式设计也面临着新的机遇与挑战。如何跨越纸媒、屏媒的界限，创造更加个性化、沉浸式的视觉体验，是每一位有追求的广告人必须思考的时代课题。

广告版式设计没有定式可循，只有通过不断地突破和创新，引领潮流。广告创意者应以饱满的创意激情，敏锐的前瞻意识，不断刷新版式设计的想象力，以美学打动人心，以创意传播价值，书写广告版式设计的崭新篇章。

6.1.1　什么是版式设计

广告版式设计，是指在广告创意的基础上，通过对文字、图形、色彩等视觉元素的合理选择、组织和编排，创造出既美观又有传播力的平面广告作品的过程。版式设计（图6-1）是平面广告视觉呈现的关键环节，对广告的传播效果有着直接而深刻的影响。

一个出色的广告版式，能够吸引受众眼球，引导视线流程，传达信息要点，塑造品牌形象，引发情感共鸣，最终达到说服、激励的传播目的。因此，版式设计是每一位广告创意者必须掌握的基本技能。

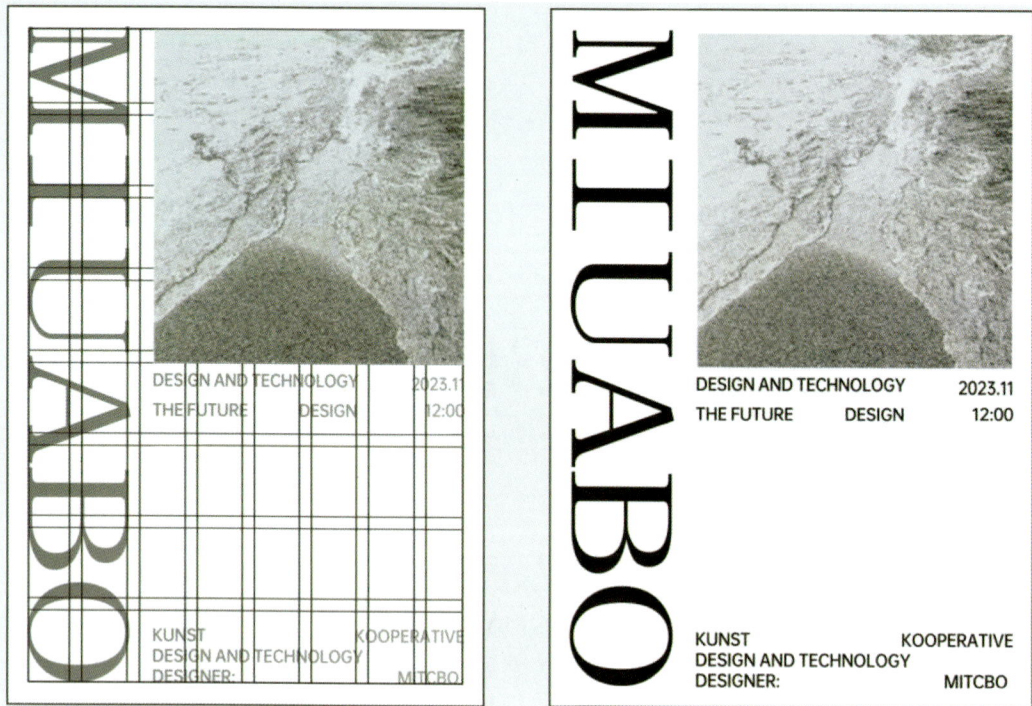

图6-1 版式设计（图片来源：：https：//www.xiaohongshu.com/）

6.1.2 版式设计的重要性

从广告信息传播的角度来看，版式设计直接关系到广告的传播效果。一个优秀的版式设计，能够在瞬间吸引受众的注意力，引导视线流动，突出核心信息，加深受众的印象。反之，如果版式凌乱、缺乏重点，受众将很难在短时间内获取到关键信息，广告传播效果必然大打折扣。在当今审美多元、注意力碎片化的时代，出色的广告版式设计显得尤为重要。面对海量的信息轰炸，受众对平庸乏味的广告会视而不见。只有具有独特创意、震撼视觉冲击力的广告才能脱颖而出，走进受众心里。

以20世纪二三十年代流行于上海的月份牌广告（图6-2）为例。这类广告继承了中国传统绘画艺术的精髓，融合了西方设计技艺，形成了独特的中国式广告版式。

图6-2 月份牌广告（图片来源：https：//huaban.com/）

月份牌广告巧妙运用边框、图案等元素，既突出商品信息，又兼具实用性与装饰性。这种版式不仅在当时独领风骚，而且至今仍然影响着中外设计界，是中国广告版式设计的经典样式之一。

广告版式设计是提升广告创意水平、增强传播效果的关键一环。广告创意者要充分认识到版式设计的重要性，将其作为广告创意不可或缺的重要组成部分，并在日常实践中不断探索、创新和积累，力求设计出让人眼前一亮的经典作品。

6.2　版式设计的原则

（1）统一性原则

统一性是广告版式设计的首要原则。无论是画面风格、色彩搭配，还是信息编排，整个版面都要服从统一的设计思路，形成和谐统一的整体美感。

具体来说，统一性原则就是要求版面中的各元素在形式、风格上保持一致，避免产生视觉分散或冲突。文字使用统一的字体字号，图形使用统一的风格，色彩统一协调，这样才能营造出整体性的视觉感受。

（2）突出性原则

所谓突出性，就是要让广告的核心诉求在第一时间抓住受众眼球。广告主题、产品卖点等关键信息要通过版式设计的突出表现，让受众过目不忘，引发进一步的兴趣。

具体的突出性原则表现手法包括：放大主标题的字号，用醒目的色块突出产品图片，利用留白凸显文案等。总之，突出性原则就是要用视觉语言引导受众的注意力，让核心信息一目了然。

（3）平衡性原则

平衡是指版面视觉重心的均衡稳定。版式设计要遵循平衡性原则，力求达到上下左右的均衡，给人一种平稳舒适的感觉。平衡性并非绝对的对称，而是一种动态的、视觉上的平衡（图6-3、图6-4）。广告创意者可以通过对称、不对称等多种构图形式来实现这种平衡感，避免"头重脚轻"或左右失衡的布局。

图6-3　布（图片来源：https://weibo.com/）　　　图6-4　竹（图片来源：https://weibo.com/）

（4）节奏感原则

优秀的广告版式要具有一定的视觉节奏感，能带领受众的视线在画面中有序流动、递进，最终落在核心诉求上。

节奏感一方面来自版面元素的重复或变化，例如标题、文案和图形等在大小、位置及方向上的韵律变化；另一方面来自留白的穿插渗透，疏密得当的留白能够调节节奏，引导视觉流动。

（5）简洁性原则

在信息爆炸的时代，人们对广告的接受时间一般不超过数秒。因此，广告版式设计要力求简洁明了，一目了然，避免过于复杂的编排或堆砌过多的信息。

具体来说，版面要突出重点，删繁就简，文案力求精练，图形力求概括，色彩力求克制。用最简洁的视觉语言，传达最核心的广告信息。

（6）创新性原则

广告版式设计要力求创新，突破陈规，给人耳目一新的感觉。广告创意者要打破思维定式，用全新的视角和设计理念来诠释产品内涵，表达品牌个性。创新的版式设计往往能给人深刻印象，提升广告的记忆度和传播效果。当然，创新并非标新立异，而是要根据产品定位和受众心理，在创意表现与传播效果间达成平衡。

遵循以上版式设计原则，广告创意者才能更好地把控视觉元素，组织信息编排，创造出印象深刻、引人入胜的优秀广告作品。广告创意者需要在理论学习和实践中不断探索、积累和提升。

广告的视觉流程

6.3　广告的视觉流程

广告版式设计的核心目标是通过精心的视觉编排，合理引导受众的视线流动，最终聚焦到广告的核心诉求上。这一过程就是广告的视觉流程。

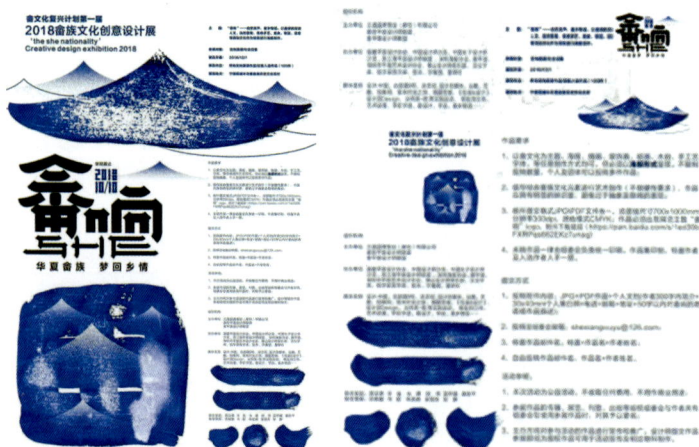

图6-5　畲族文化创意设计展宣传

（图片来源：https：//www.hellofont.cn/article-detail？id=510）

视觉流程直接关系到广告的传播效果。设计得当的视觉流程，能快速抓住受众眼球，清晰传达信息，加深印象。反之，如果视觉流程混乱无序，缺乏逻辑，就会严重干扰信息的传递和接收（图6-5）。

因此，精心设计和把控视觉流程是每一位广告创意者必须掌握的重要技能。只有通过学习视觉吸引力、视线轨迹、错视等相关理论和技巧，并在实践中不断摸索，才能驾驭视觉流程这一利器，创造出引人入胜的优秀广告作品。

6.3.1 视觉重心

视觉重心，也称为视觉震撼中心，它是指画面中最能吸引受众注意力的区域或元素。通常，它是受众视线的第一落点，能在第一时间抓住受众眼球，引发阅读兴趣。一般而言，以下因素容易形成视觉重心。

（1）面积较大的图片、标题等元素；

（2）色彩鲜明、对比强烈的区域；

（3）形状特异、风格突出的图形；

（4）受众熟知且感兴趣的事物。

视觉重心的选取要服从整体设计，与广告主题和诉求相呼应。设计师要通过形态、方向、色彩及空间等多重调节手段，巧妙营造视觉重心，牢牢抓住受众眼球。此外，广告创意者还要考虑视觉重心的位置。不同的区域带来不同的心理暗示：上方给人轻松愉悦之感，下方给人沉重压抑之感，而中心则易显得过于平淡。巧妙利用这些心理暗示，能进一步强化广告的表现力。

6.3.2 视线轨迹

视线轨迹是指画面内容对受众视觉活动的引导方向和路径。合理的视线轨迹能有效控制视觉流程，引导受众有序阅读，最终聚焦到核心诉求上。视线轨迹的种类多样，广告创意者可以根据表现需要来灵活选取。以下是几种常见的视线轨迹类型。

（1）单向视线轨迹

单向视线轨迹是指视线沿着一条直线方向流动，可分为垂直、水平、倾斜三种走向。其中，垂直走向给人稳重、大气之感；水平走向显得平稳、舒适；倾斜走向则富于动感、激情。

下面这则新西兰公益广告（图6-6）巧妙运用了倾斜视线轨迹。层层堆叠、错落有致的人物和场景，营造出强烈的动感和节奏感，同时引导视线向一个方向流动，给人以强烈的视觉冲击。

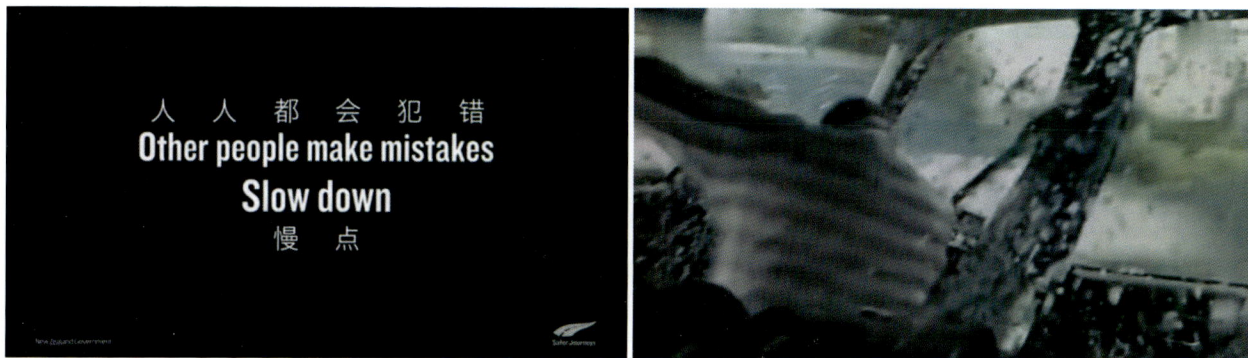

人 人 都 会 犯 错
Other people make mistakes
Slow down
慢 点

图6-6 新西兰公益广告（图片来源：https://www.digitaling.com/）

（2）曲线视线轨迹

曲线视线轨迹以圆形、弧线、S形等曲线形式引导视觉流动。它打破了直线的刚硬和单调，让画面更加灵动优美，富有韵律感。同时，曲线的起伏流动也隐喻着内容的跌宕起伏，引人入胜。

例如电影《影》的广告宣传就巧妙运用了S形曲线轨迹（图6-7）。人物的姿态、排列形成一条优美的S形曲线，既富于动感，又不失秩序，让人感受到电影剧情的曲折。同时，S形曲线引导视线流畅地游走，自然到达影片名处，点明主题。

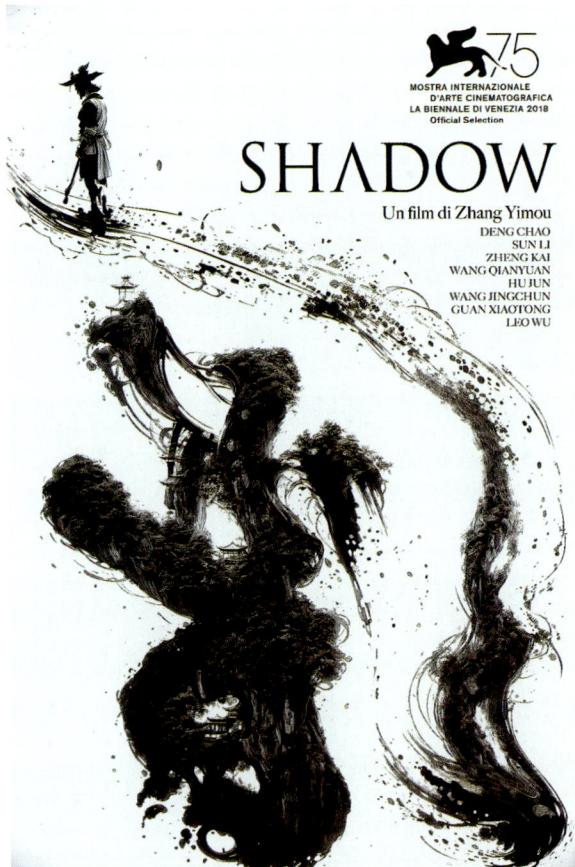

图6-7　《影》的广告宣传（图片来源：https://weibo.com/）

（3）发射状视线轨迹

发射状视线轨迹常以点、线、箭头等元素为发射中心，引导视线向四周扩散、散射。这种视线轨迹给人以强烈的视觉冲击力和节奏感，画面张力十足，令人印象深刻。

在图6-8这则哥伦比亚运动装广告中，炽热的太阳光芒化作无数箭头，自中心发射而出，与身着哥伦比亚运动装悠然信步的模特形成鲜明对比。发射状的视线轨迹，既突出了炎炎夏日的酷热难耐，又映衬出哥伦比亚运动装的清爽舒适。

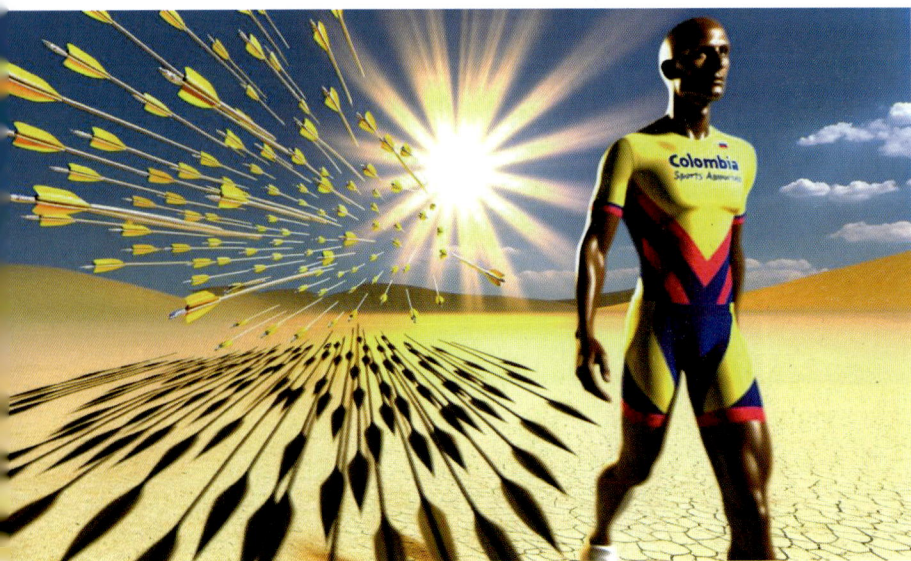

图6-8　哥伦比亚运动装广告（图片来源：AIGC生成）

（4）散点式视线轨迹

散点式视线轨迹打破了常规的秩序和布局，让视觉元素自由地散布在画面各处。这种看似随意的不羁，实则别有章法，常给人以活泼跳脱、极富个性化的视觉感受。

图6-9这则耐克广告充分利用了散点式视线轨迹。画面上星罗棋布地散落着运动元素：篮球、足球、网球拍……它们似乎杂乱无章，但细看之下，这些元素的位置、方向都颇有讲究，既营造出运动的朝气蓬勃，又突显出视觉信息的主次分明，可谓心思巧妙。

图6-9　耐克广告散点式视线轨迹
（图片来源：AIGC生成）

（5）耗散式视线轨迹

耗散式视线轨迹介于自由散漫与秩序严谨之间。它常常起始于一个视觉重心，继而向四周扩散、耗散，最后收束于某一目的地。这种由聚到散、由散复聚的视线轨迹颇具张力，能充分调动受众的探索欲，引发深入阅读。

图6-10这组获奖的哈雷摩托车广告巧妙地运用了耗散式视线轨迹。众多的摩托车零部件自由散布，拼凑成摩托车的外形。这种打散重组的手法，既体现了每一辆哈雷的独特个性，又充满想象力地展现了人车合一的感悟。同时，视线从散乱的零件开始，逐渐聚拢，最终汇聚到画面右下角的哈雷摩托车上。

图6-10　哈雷摩托车广告（图片来源：https://huaban.com/）

视线轨迹是引导视觉流程、传达广告信息的重要工具。通过巧妙运用单向、曲线、发射、散点、耗散等多种视线轨迹，广告创意者能精准把控受众视线，营造出引人入胜的视觉效果，充分发挥广告的传播功效。当然，视线轨迹的运用要服从广告主题和诉求，要与品牌形象和受众心理相契合。广告创意者需要在深入洞察的基础上，灵活选择和组合不同的视线轨迹，这样才能创造出真正打动人心的经典之作。

6.3.3　错视效应

错视是指视觉感知与客观实际不相符合的一种心理现象。在广告设计中，巧妙利用错视效应，能给受众以耳目一新的视觉体验，产生意想不到的创意效果。

根据成因，错视大致可分为三类。

（1）几何学错视

几何学错视是指由画面中线条、图形的几何构成引发的错视。例如，两条等长的平行线，如果一端加上内箭头，另一端加上外箭头，就会产生长度不等的错觉（图6-11）。

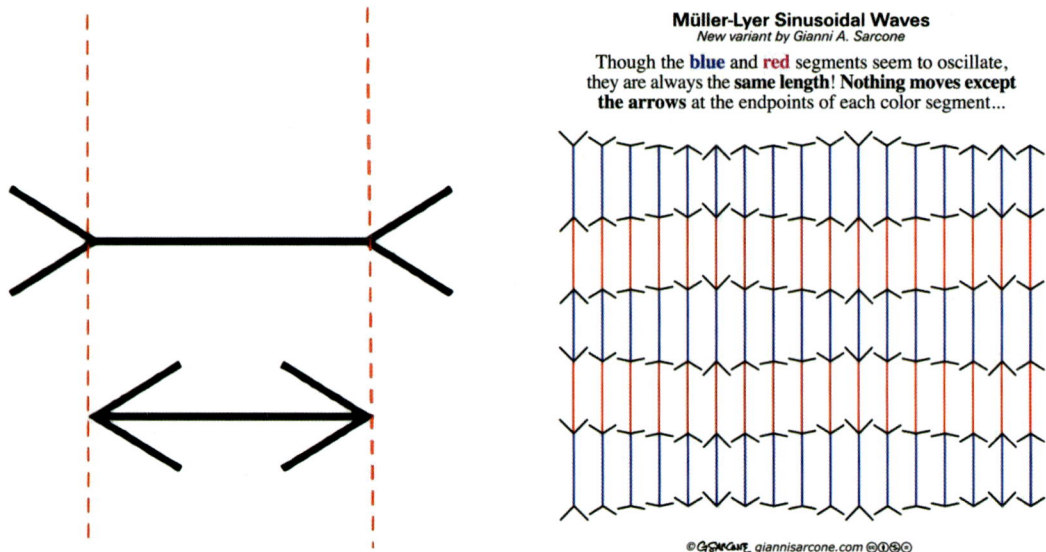

Müller-Lyer Sinusoidal Waves
New variant by Gianni A. Sarcone

Though the **blue** and **red** segments seem to oscillate, they are always the **same length**! Nothing moves except the **arrows** at the endpoints of each color segment...

©GSarcone. giannisarcone.com

图6-11 几何学错视（图片来源：https://www.baidu.com/）

这种几何学错视常被运用到Logo设计中，通过视觉误差创造独特的形状和张力，令人眼前一亮。

（2）生理错视

生理错视是由人眼生理结构和机能的局限性导致的。例如，视网膜残像效应、色彩同化现象等，都可归为生理错视。

广告设计常利用生理错视制造震撼的视觉效果。例如，快速闪现的画面、强烈的色彩对比，都能给人以视觉刺激，加深印象。

（3）认知错视

认知错视源于人们先入为主的主观认知。例如，我们会习惯性地将面积较大的图形视为背景，将面积较小的图形视为主体，即使它们的色彩明度一致。

图6-12这幅著名的鲁宾花瓶图巧妙地利用了图形错视。你是先看到花瓶，还是先看到人脸？这取决于你的主观认知。这种模棱两可的视觉悬念，常被广告创意者用来引发受众的好奇心，进而引发受众的思考和讨论。

图6-12 鲁宾花瓶图

（图片来源：https://www.baidu.com/）

6.4　广告版式设计的构图模式

广告版式设计的构图模式

6.4.1　构图模式概述

广告版式设计的构图模式是指在广告画面中，通过对文字、图形、色彩等视觉元素的合理安排与组织，形成一定的视觉结构和秩序，从而有效吸引受众注意，引导视线流程，传达广告信息的表现方式（图6-13）。

构图是平面广告创意表现的基础。一个优秀的广告版式必须以巧妙的构图为支撑。通过构图，广告创意者才能在有限的画面空间内最大限度地发挥创意，实现广告诉求。可以说，构图模式决定了平面广告的视觉表现力和传播效果。

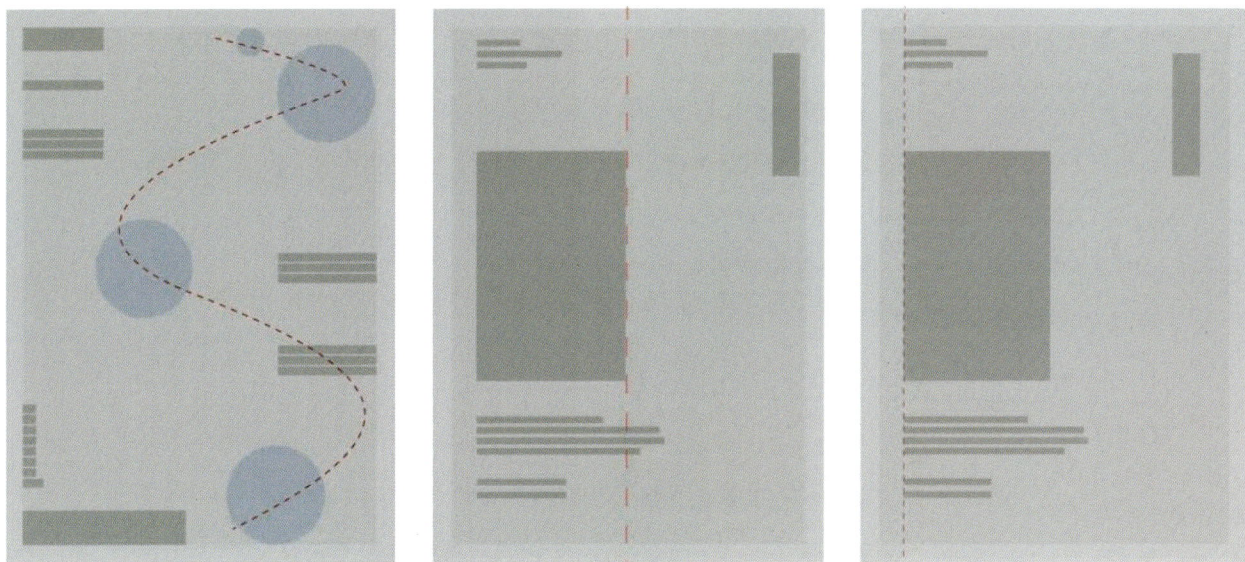

图6-13　广告版式设计的构图模式示意图（图片来源：https：//www.xiaohongshu.com/）

广告创意者必须深入理解和掌握各种经典的构图模式，并在实践中灵活选用、组合，甚至创新，才能不断提升平面广告的视觉冲击力和艺术感染力，创造出引人注目的优秀作品。

6.4.2　版式构图的主要模式

广告版式构图千变万化，但总体可归纳为几种基本的构图形式。熟练掌握和灵活运用这些构图形式，是广告创意者的基本功。

（1）对称型构图

对称型构图是一种较为常见和易于把控的经典构图模式。顾名思义，它就是使画面元素在中轴线两侧对称分布，左右呼应，上下均衡，给人一种稳定、庄重、和谐的视觉感受。

对称型构图（图6—14、图6—15、图6—16）多见于具有古典美、端庄大气的广告表现，例如高端酒店、奢侈品等。广告创意者可以通过字体、色块、线条、图形的对称排布，营造出富丽堂皇的氛围。

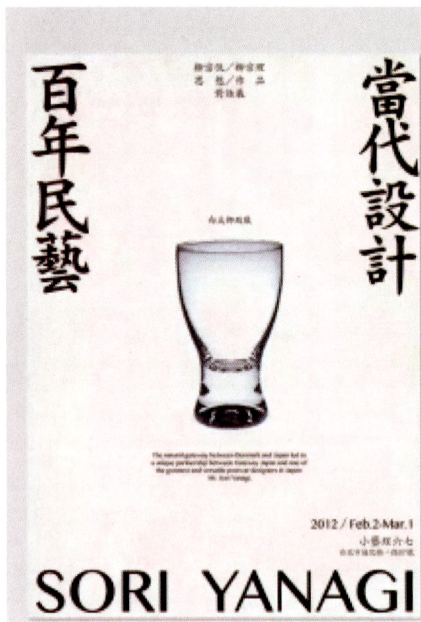

| 图6-14　《柳宗悦、柳宗理对话展》海报 | 图6-15　《石像·神庙与失落的文明》海报 | 图6-16　《The Maker of Swans》海报 |

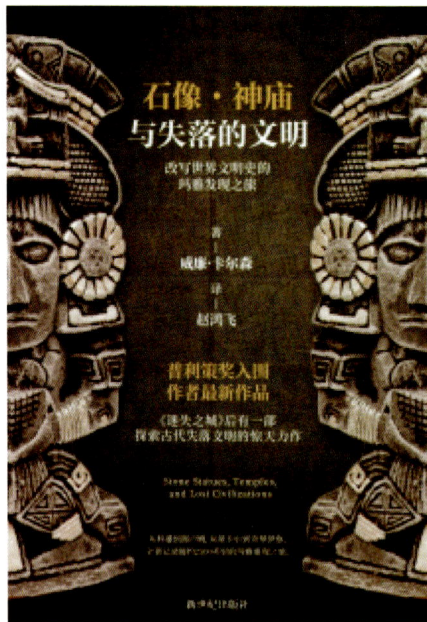

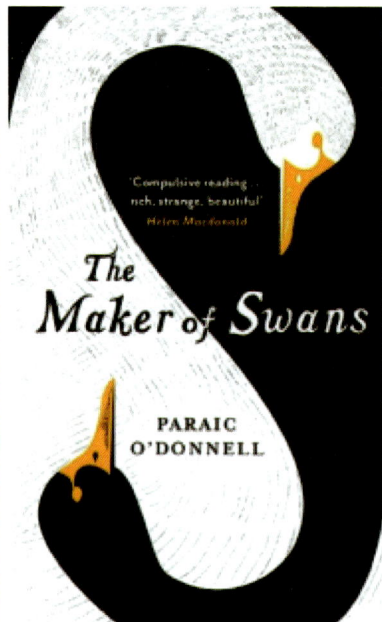

（图片来源：www.xiaohongshu.com）

　　图6—17这组咖啡广告巧妙运用了对称型构图。左右两侧以拟人化的眼睫毛元素构成鲜明的视觉张力，引发受众的联想和思考。中间醒目的咖啡杯则成为画面的视觉中心，传达出"保持清醒"的核心诉求。整个画面对称而富于变化，静中有动，给人以视觉愉悦感。

图6-17　雀巢咖啡广告的对称型构图（图片来源：AIGC生成）

对称型构图的特点主要体现在：

（1）画面规整有序，给人以庄重、稳健、和谐之感；

（2）易于把控画面平衡，营造视觉中心；

（3）适合表现端庄大气、古典美的广告主题。

当然，运用对称型构图时也要注意避免过于呆板和单调。广告创意者可以在对称的基础上融入变化和韵律，通过巧妙的细节处理，赋予画面生动活泼的气质。

（2）水平型构图

水平型构图可以让画面产生一种舒展、平静的感觉。多用于表现广阔的自然景观或静物特写，版面干净利落，富有现代感。水平型构图是指画面元素沿着横向水平方向展开铺陈，引发一种舒展、开阔、平和的视觉感受。这种构图模式多见于对宽广景物的描绘，如山脉、原野、海洋等自然景观。在室内场景中，横向铺陈的桌面、层架、橱窗等，也多采用水平型构图。

水平型构图的特点主要体现在：

（1）画面开阔舒展，给人以平和、宁静之感；

（2）有利于突出广告主题，引导视线流动；

（3）适合表现内容丰富、信息量大的广告主题。

在运用水平型构图时，广告创意者要注意掌控尺度，避免过于拖沓和单调。可以适当穿插垂直线条或不规则元素，打破横向延伸的视觉惯性，增加画面的动感和律动。

（3）垂直型构图

垂直型构图能够表现出一种崇高、稳健、向上的力量感，适用于突出具有威慑力的广告主题，如金融机构、高端汽车等广告。

垂直型构图与水平型构图相反，它是指以画面的垂直线条或元素作为主导，营造出一种挺拔、上升、激昂的视觉感受。

图6-18这组电影海报利用垂直型构图，将一系列影片元素统一纳入一个向上延伸的画面中。人物造

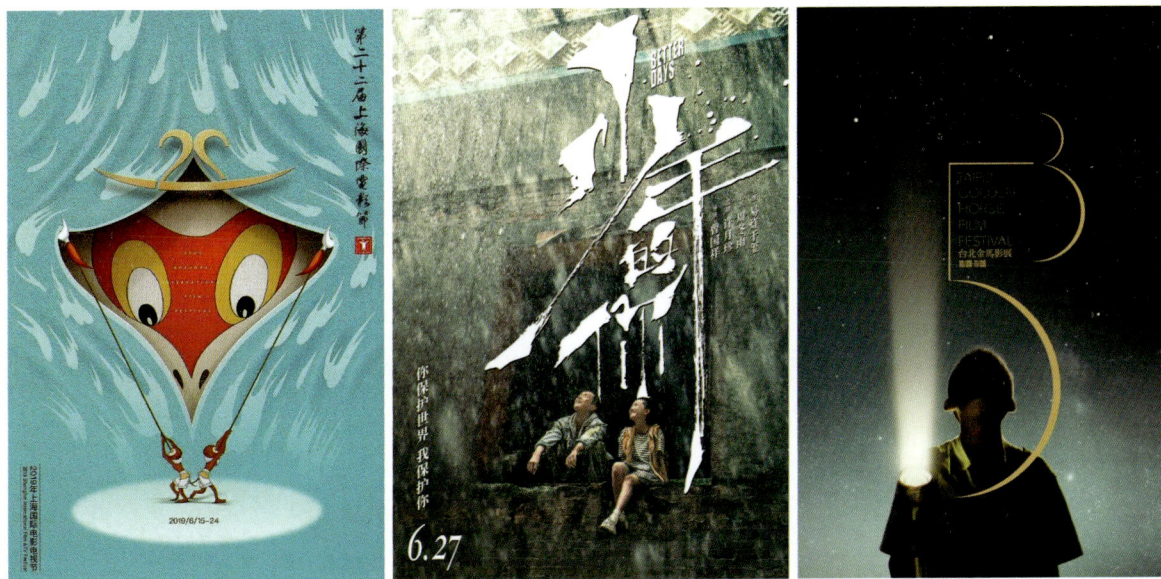

图6-18　垂直型构图的电影海报（图片来源：https：//huaban.com/）

型、器物道具及文字标题，都沿着垂直方向叠加铺陈，既突出了核心视觉焦点，又形成一种引人入胜的视觉节奏感，充分调动观众的探索欲和想象力。

垂直型构图的特点主要体现在：

（1）画面简洁有力，给人以崇高、壮阔之感；

（2）便于突出广告重点，集中视觉注意；

（3）适合表现庄重大气、富于冲击力的广告主题。

在运用垂直型构图时，广告创意者要把握画面的平衡感，避免过于单一和呆板。可以在垂直向度上融入一定的变化，如大小、疏密、明暗、虚实等，赋予画面更多的变化和视觉趣味性。

（4）均衡型构图

均衡型构图不局限于绝对的对称，通过灵活多变的元素组合，营造一种整体的均衡感，活泼有趣，引人注目。均衡型构图（图6—19）追求画面元素在空间上的均衡感，以维系画面的稳定与和谐。这里的均衡并非绝对的对称，而是一种动态的、变化中的平衡。

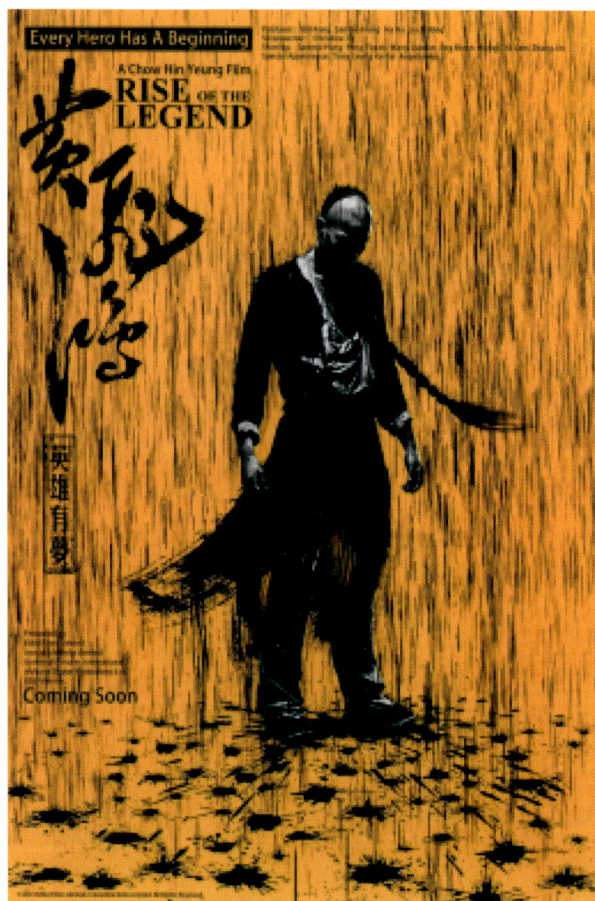

图6—19 均衡型构图的电影海报（图片来源：https://huaban.com/）

图6—20这则星巴克圣诞节广告巧妙运用了均衡构图。广告创意者将松果、花环、星巴克Logo等元素均匀地铺陈在画面各处，构成均衡和谐的装饰性画面。红白色调的运用增添了节日气氛，引发了受众美好的联想。

图6-21麦当劳食品广告,以卡通化的食物元素拼贴组合,形成富于童趣的均衡画面。各元素的大小、位置、色彩都经过精心设计,既丰富多彩,又不显杂乱,让人感受到欢乐的氛围。

均衡型构图的特点主要体现在:

(1)画面平衡稳固,给人以安定、舒适之感;

(2)易于融合多样元素,营造丰富画面;

(3)适合表现欢乐活泼、充满想象力的广告主题。

在运用均衡型构图时,广告创意者除了要把控画面的空间平衡,还要注重色彩、材质等表现要素的和谐,通过各种元素的巧妙组合,构建出既统一又富于变化的视觉形态,吸引受众的注意力。

(5)标题型构图

标题型构图通过突出画面的文字标题,快速抓住受众注意力,传达核心信息。这种构图模式常见于商业性、功能性较强的平面广告。

图6-22这则三星手机广告就是典型的标题型构图。广告创意者采用了大而醒目的蓝色标题,将其置于画面右方显著位置,并辅以简洁的产品实物图,形成简明扼要、一目了然的视觉呈现。这种"短平快"的表现,迎合了受众的阅读习惯,便于快速传达产品卖点。标题型构图的特点主要体现在:

(1)画面简洁明快,便于快速阅读;

(2)突出广告重点,增强信息传播力;

(3)适合表现内容单一、针对性强的广告主题。

图6-20　均衡型构图的星巴克广告
(图片来源:AIGC生成)

图6-21　均衡型构图的麦当劳广告
(图片来源:AIGC生成)

图6-22　三星手机广告的标题型广告(图片来源:www.samsung.com.cn)

在运用标题型构图时，广告创意者要把握标题的可读性和视觉冲击力，采用醒目易读的字体字号，简明扼要的文字表述，必要时辅以图形、色块等元素，增强画面的视觉吸引力，提升广告的传播效率。

（6）斜置型构图

斜置型构图打破了水平型构图和垂直型构图的常规思路，将画面元素倾斜放置，营造出一种动感十足、充满张力的视觉效果。这种构图模式更能表现时尚、动感、激情澎湃的内容主题，常用于表现速度、力量及时尚等题材，给人鲜明的视觉体验。

图6-23这则运动装备广告充分利用了斜置构图的表现力。其中，众多运动器材沿不同方向倾斜铺陈，看似杂乱无章，实则暗合节奏，灵动有致。整个画面似乎随时都在流动变化，传达出运动的速度与激情。这种充满动感的画面处理，正好与运动主题相得益彰。

斜置构图的特点主要体现在：

（1）画面充满动感，富于变化和新意；

（2）打破常规思路，吸引受众眼球；

（3）适合表现时尚动感、充满活力的广告主题。

在运用斜置型构图时，广告创意者要把握倾斜角度和方向的变化，注重不同元素之间的平衡与呼应。太过平均的倾斜会显得呆板，过于杂乱的倾斜则会导致视觉混淆。斜置型构图是把双刃剑，必须恰到好处，才能彰显动感与美感。

图6-23　斜置型构图的运动装备广告
（图片来源：AIGC生成）

（7）指示型构图

指示型构图利用画面元素的方向性，直观地引导受众视线，将注意力集中到广告的焦点上。这些"指示元素"可以是具象的人物视线、手势，也可以是抽象的箭头、线条等。

图6-24这则化妆品广告巧妙运用了指示型构图。画面分为上下两个部分，上方是一双迷人的眼睛，直勾勾地注视着下方的产品。这个简单的视线指示，将人物特写与产品实物巧妙关联，传达出产品的魅力所在。画面简洁而富于张力，易引发消费欲望。

图6-24　指示型构图的化妆品广告
（图片来源：AIGC生成）

指示型构图的特点主要体现在：

（1）引导视线流程，突出画面重点；

（2）增强画面的故事性和传播性；

（3）适合表现具有引导性、连贯性的广告主题。

在运用指示型构图时，广告创意者要注重指示元素与广告诉求的契合，避免过于直白。同时，要把握指示元素的位置、方向和数量等，力求恰如其分，引人入胜。

（8）冲突导向型构图

冲突导向型构图利用画面元素之间的矛盾冲突，制造视觉张力，引发情感共鸣，从而达到独特的创意表现效果。这种构图模式常见于公益广告、时尚广告等创意性较强的广告形式中。

图6-25这则环保公益广告就充分利用了冲突导向型构图。广告创意者将人物与自然景观这两个原本和谐的元素强行并置，制造出强烈的视觉落差和情感冲突。人物生硬而僵直的姿态，与背后宁静祥和的自然形成鲜明对比，传达出人与自然疏离的无奈与哀思。这种冲突感人心，可以引发深刻的思考。冲突导向型构图的特点主要体现在：

图6-25　冲突导向型构图的环保公益广告（图片来源：AIGC生成）

（1）制造视觉张力，吸引受众注意；

（2）引发情感共鸣，增强传播效果；

（3）适合表现富于思辨性、批判性的广告主题。

在运用冲突导向型构图时，广告创意者要把握冲突的尺度和限度，避免过于生硬和刻意。冲突的设置要服务于广告主题，与之形成呼应和映衬，既不能喧宾夺主，又不能弱化主题。同时，冲突元素的选取要慎重考量，切忌过于负面或极端，以免适得其反。

（9）三角构图

三角构图是一种兼具稳定与动感的构图模式。画面元素按照三角形的位置、方向排布，形成一种向心或离心的视觉引导，既统一稳健，又富有节奏感。三角构图常见于具有冲击力、号召力的广告表现。例如雕塑般的人物群像、向上飞跃的英雄人物等，都能用三角构图来增强气势、渲染情绪。

（10）S型构图

S型构图以流畅、优美的S形曲线串联画面元素，营造出柔和、富有韵律的视觉效果。受众的视线会随着S形曲线自然流动，从而感受到一种动态的美感。

S型构图更多用于具有女性柔美、优雅气质的广告表现，如化妆品、服装等。当然，也可以用于其他类型广告，通过曲线的流动感，引导视线，突出重点（图6-26）。

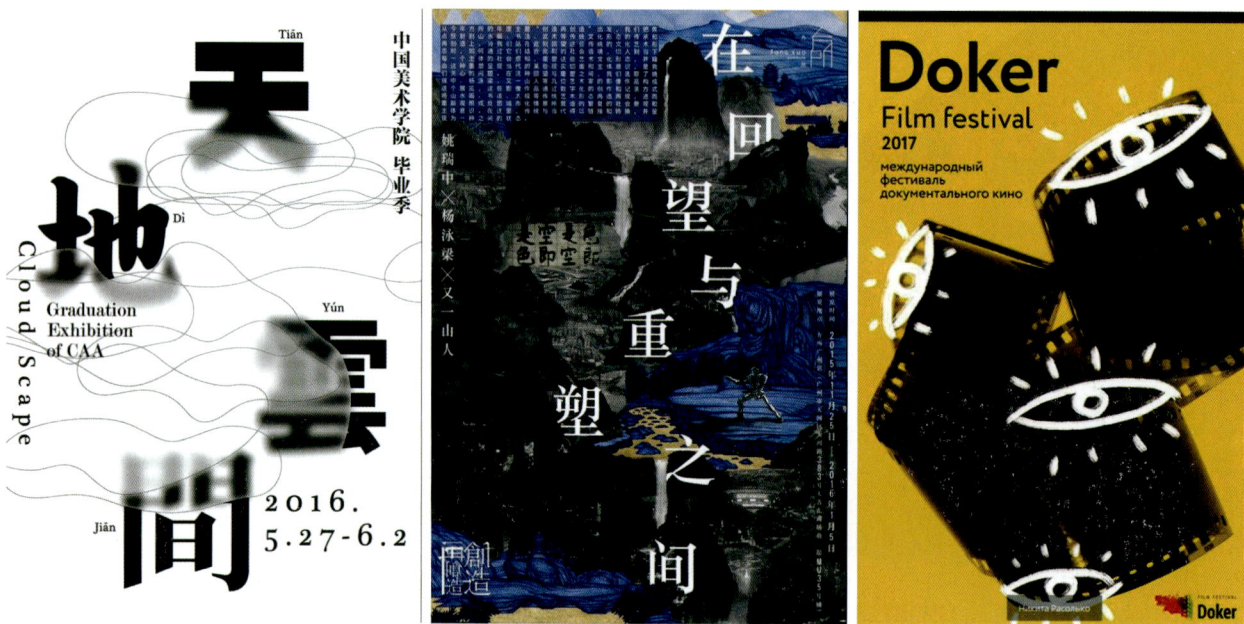

图6-26　S型构图的海报设计（图片来源：https://huaban.com/）

（11）Z型构图

Z型构图顾名思义，就是画面元素按照Z字形的视觉走向排布。这种构图模式能有效引导视线，加强叙事性，具有连续、流畅的动态感。

Z型构图让人感受到一种娓娓道来、有条不紊的视觉体验。受众的目光会跟随Z字形的路径，由左至右、由上至下地浏览信息，一气呵成，不遗漏每个重点。

（12）品字型构图

品字型构图是指画面元素按上下三个并列点的位置排布，形似中国汉字"品"字。这三个视觉重心互相呼应，构成稳定、匀称的三角形结构。

品字型构图简洁明快，节奏感强，能快速抓住受众的眼球。画面虽然元素不多，但都是点睛之笔，直击要害。许多简约、有冲击力的广告都善用品字型构图。

广告版式设计的构图模式可谓多种多样，各具特色。对称、均衡、水平、垂直、斜置、指示等，每一种构图模式都代表着一种独特的视觉表现方式和创意思路。

这些构图模式既是前人经验的总结凝练，又是广告创意者必备的创意工具箱。广告创意者需要深入理解每种构图模式的内在规律和艺术特点，在实践中反复锤炼、灵活运用，才能驾轻就熟，创造出一幅幅引人入胜的广告画面。当然，构图模式并非一成不变的教条，而是一种可供探索、突破的创作语言。

优秀的广告创意者往往能够在传统的基础上不断创新，尝试新的构图模式和表现手法，以独特的视觉呈现，彰显个人风格，引领行业潮流。

6.5　版式设计的构成要素

版式设计的构成要素主要包括文字、色块、图片、图形、留白等。

6.5.1　文字

文字是信息传达的最直接、最便捷的视觉符号。恰如其分地运用文字，对提升广告的传播效果至关重要。

一般来说，广告文案要力求简练、醒目、易读。标题文字要突出重点，体现创意，吸引眼球；正文文字要言简意赅，表达清晰，引人入胜；口号文字要朗朗上口，催人奋进。无论是标题、正文，还是口号，都要从字体、字号、字距、行距等方面进行精心设计，确保广告的视觉呈现最佳（图6-27）。

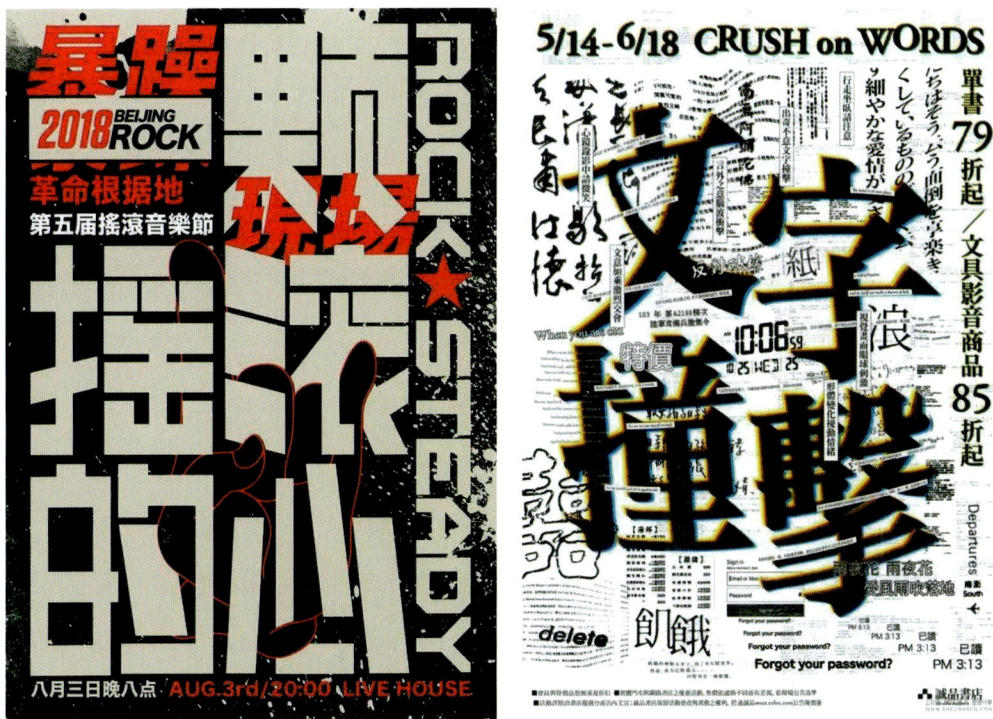

图6-27　文字海报（图片来源：https://huaban.com/）

6.5.2　色块

色彩是情感的载体，代表着品牌个性。巧妙运用色块，对画面气氛、情绪渲染、视觉节奏地把控有着重要作用。广告创意者可以运用大面积纯色块来引导视线，制造视觉重心；运用跳跃、撞色的色块来增强画面张力；运用微妙的渐变色块来表现空间感和层次感。色块的运用（图6-28）要服从整体构图，与广告主题、目标受众相呼应，这样才能收到良好的传播效果。

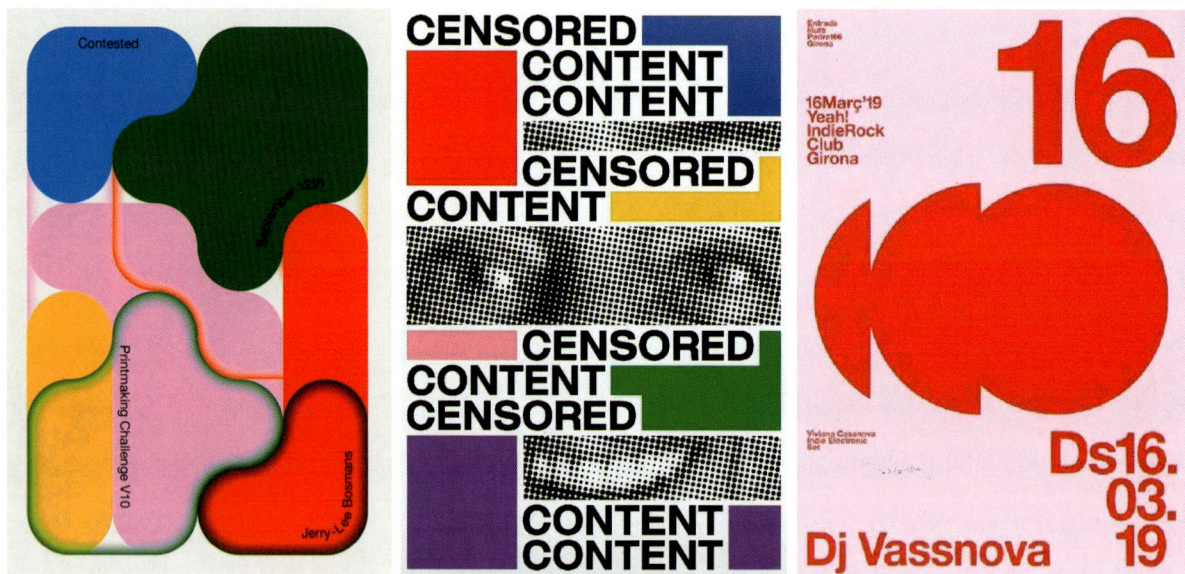

图6-28 巧妙运用色块的海报设计（图片来源：https：//huaban.com/）

6.5.3 图片

图片是视觉冲击力最强的表现元素。一张好的广告图片，能在瞬间抓住受众眼球，引发情感共鸣，加深品牌印象。

选择图片要考虑其内容、形式是否契合广告主题和受众心理。人物图片要注重神态、动作的捕捉，使人感同身受；场景图片要善于捕捉细节，营造身临其境之感；产品图片要突出特色，展现优势，增强购买欲望。

6.5.4 图形

图形是一种抽象的、符号化的表现元素，对画面气氛的烘托、寓意的传达有着独特作用（图6-29）。

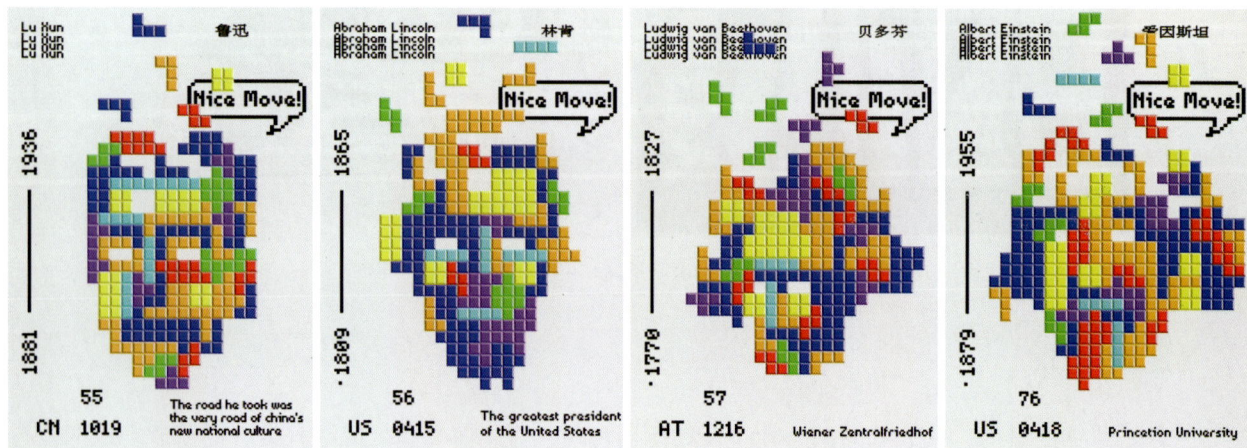

图6-29 巧妙运用图形的海报设计（图片来源：https：//huaban.com/）

运用点、线、面等基本图形，广告创意者可以营造出动感十足的视觉节奏；运用具象图形，可以增强广告的趣味性和记忆点；运用隐喻性的抽象图形，可以引发想象和思考，升华主题内涵。总之，图形的运用要服务于整体构图，力求创意贴合传播需求。

6.5.5　留白

留白是指画面上没有文字和图像覆盖的区域。它看似"无"，实则"有"，对版式设计的视觉节奏和信息传递有着不可或缺的作用。

恰到好处的留白，能给画面以呼吸感，突出视觉重点，引导视线流动（图 6-30）。留白过多会显得空洞乏味，留白过少则会显得拥挤杂乱。因此，广告创意者要在总体规划中合理把控留白，让版面呈现出疏密有致、主次分明的视觉效果。

图 6-30　巧妙运用留白的海报设计（图片来源：https://huaban.com/）

以上版式设计的构成要素并非孤立存在，而是相互关联、相互作用，共同构成了一个有机统一的视觉整体。广告创意者需要全面考量各要素，通过巧妙地选择、组合和编排，最大限度地发挥版式设计的传播功效。文字、色块、图片、图形和留白等构成要素在广告版式设计中缺一不可，它们相互配合，共同呈现出完整的视觉形象。广告创意者需要深入把握各要素的特点和规律，并在实践中不断尝试，才能将它们巧妙组合，赋予广告画面以震撼人心的表现力。

6.6　版式设计的组织形式

　　构成要素是版式设计的基本单元，而要形成具有感染力的整体画面，还需要合理的组织形式（图6-31）。常见的版式设计组织形式有以下几种。

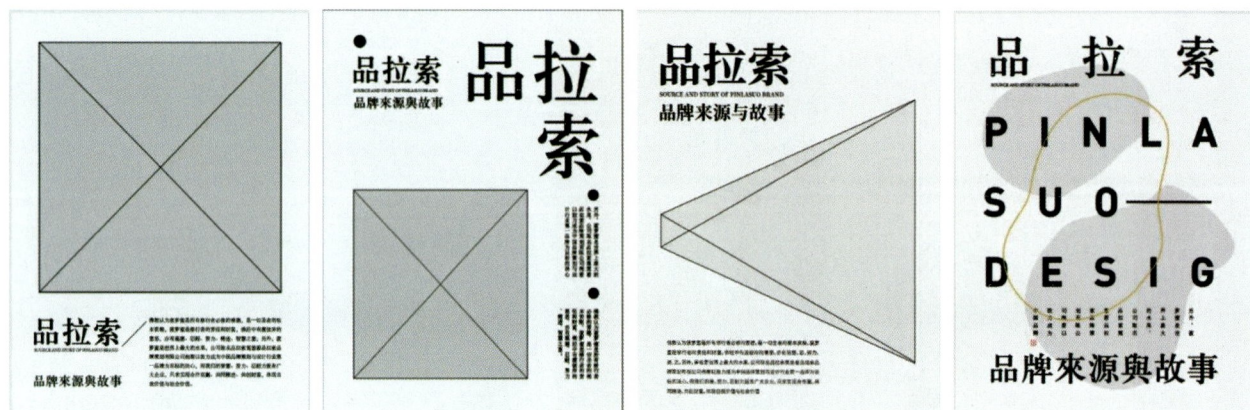

图6-31　版式设计的组织形式示意图（图片来源：www.xiaohongshu.com）

　　（1）矩形组织：将画面划分为若干个规则的矩形区域，编排内容要素。这种形式简洁明了，给人以稳健有序之感。

　　（2）对角线组织：沿画面对角线分割，编排内容要素。这种形式动感十足，给人以张力和活力之感。

　　（3）圆形组织：以画面中心为圆心，环形、扇形编排内容要素。这种形式集中统一，给人以和谐平衡之感。

　　（4）三角形组织：以三角形图案为主导，组织编排内容要素。这种形式灵活多变，给人以新鲜活泼之感。

　　（5）自由式组织：打破常规布局，自由组合编排内容要素。这种形式变化多端，给人以创意无限之感。

　　无论采取何种组织形式，都要服从整体构图的需要，力求在统一中求变化，在变化中显统一，最终呈现出既有新意、又有秩序的版面效果。

第7章　广告创意表现形式

广告创意的多样表现形式，如名人表现法、幽默表现法和图形同构设计等，提供了丰富多样的创意策略，有效地提升了广告的传播效果。在名人表现法中，名人的形象和影响力直接传递品牌理念，增强信任效应；幽默表现法利用机智诙谐的语言、情节和图形营造愉悦的氛围，吸引受众的注意力并加深记忆；图形同构设计通过巧妙组合和变换视觉元素，展现出独特的创意，为广告信息赋予全新的表达。

7.1　名人表现法

名人表现法

名人表现法是指广告创意中运用名人形象、声誉和影响力，借助名人效应来推广产品、塑造品牌的一种表现形式。在这类广告中，名人作为产品代言人或推荐人，用自身的号召力来吸引受众关注，引发心理认同，从而达到宣传、说服的传播效果。

名人表现法之所以广受青睐，源于人们普遍的从众心理和偶像崇拜心理。一方面，名人具有较高的社会地位和知名度，与之相关联的事物容易获得公众信任和接纳；另一方面，很多人心中都有仰慕和效仿的偶像，希望通过模仿偶像的行为来获得心理满足。因此，名人在广告中的推荐和代言，往往比普通人更具感染力和说服力。

7.1.1　名人表现法的传播优势

名人表现法是广告传播的重要方式，有其独特的传播优势。通过借助名人的知名度、美誉度和影响力，名人表现法可以实现关注效应、信任效应、示范效应等多重传播效果，极大地提升广告的传播效率和说服力。

（1）关注效应

在信息爆炸的时代，受众的注意力资源极度稀缺。如何在短时间内抓住受众的眼球，成为广告传播的首要难题。而名人表现法恰恰提供了一个很好的解决方案。

名人具有极高的社会关注度。他们的一举一动都备受公众和媒体的关注。因此，名人的出现本身就是一个吸引眼球的过程。当名人与品牌产生联系时，公众对名人的关注自然会转移到品牌上来，从而大大提升了广告的关注度，扩大了广告的传播范围。以百年润发广告为例，当家喻户晓的影星周润发出现在广告中时，他的超高知名度和巨星魅力立刻吸引了无数受众的目光。原本默默无闻的洗护品牌，一夜之间被推到了聚光灯下，引发了全民热议。这就是名人效应带来的强大关注效应。

（2）信任效应

广告说服的核心是建立信任。受众只有对广告内容产生信任，才会采取相应的购买行为。然而，在当今的商业环境下，虚假广告泛滥，公众对广告的信任度普遍较低。如何重建信任，成为广告传播的重要课题。

名人表现法为建立信任提供了一个有效途径。在公众心目中，名人往往代表着某种美好的品质和形象，如专业、成功、智慧或魅力等。同时，大多数名人拥有相对正面的公众形象和口碑。人们潜意识里会将名人的个人形象和美誉度自然转移到其代言的品牌上，从而大大提升了品牌广告的可信度。

一项调查显示，72%的消费者更相信名人代言的产品。当人们看到自己崇拜的偶像在广告中真诚地推荐一款产品时，往往会放下戒备，在心理上认同这款产品，进而产生购买意向。这种将对名人的信任转化为对品牌的信任的过程，正是名人表现法的独特优势所在。

（3）示范效应

从众心理和模仿行为是人们普遍的心理倾向。人们往往乐于追随权威，喜欢模仿榜样，以获得心理上的安全感和优越感。这一心理倾向广泛存在于消费行为中。

名人表现法恰恰利用了这一心理倾向。在大众传播中，名人往往被塑造成某一领域的权威、某种生活方式的代表。他们无疑是大众心目中的"意见领袖"和行为楷模。当名人在广告中使用某款产品、展示某种生活方式时，就为大众树立了一个鲜活的行为范本。很多消费者会在心理上将名人等同于产品的品质担保，进而仿效其消费行为，与之产生心理认同，获得从众满足。

可口可乐与明星的长期合作堪称示范效应的经典范例。从麦当娜到布兰妮，从陈奕迅到周杰伦，一代代流行偶像与可口可乐的完美绑定，几乎成了青春文化的标配。无数"粉丝"效仿偶像的饮食习惯，推动了可口可乐的全民消费。这充分体现了名人示范在引领消费潮流、塑造消费文化方面的独特优势。

（4）话题效应

在新媒体时代，话题传播已成为最重要的传播形式之一。谁能制造话题，谁就能获得较好的传播效果。而名人无疑是制造话题、引爆舆论的绝佳利器。

名人表现法往往自带话题属性。一方面，名人本身就是公众热议的焦点，其参与广告必然引发持续关注和讨论；另一方面，名人表现法往往采用跨界合作、出人意料的创意手法，制造"惊喜"和"反差"，从而引发更多的讨论和分享。当名人、创意与热点完美结合时，往往能收获爆炸性的传播效果。

2017年，杜蕾斯邀请王源代言安全套，堪称话题营销的经典案例。当避孕工具遇上青春偶像，一时引爆全网话题，刷屏社交媒体。人们津津乐道于这一突破常规的"神仙组合"，争相解读这一大胆创新的营销之举。该品牌关注度直线飙升，产品销量也随之水涨船高。这就是名人表现法释放的强大话题影响力。

当然，有些"话题"未必符合品牌调性，有些"热度"可能陷入负面漩涡。因此，选择契合品牌气质、形象健康积极的名人至关重要。唯有"名""品""创意"三者完美契合，才能真正实现良性互动，收获理想的传播效果。

（5）感染效应

广告传播的最高境界是打动人心，建立情感联系。名人表现法在这方面有着得天独厚的优势。名人作为大众偶像，往往承载了人们丰富的情感投射和精神寄托。他们的个人魅力和情感表达，很容易引发大众共鸣，实现情感的感染和迁移。

传奇球星罗纳尔多在耐克广告中的形象，堪称感染效应的典范。他不仅以非凡的球技征服了无数球迷，也以坚韧、拼搏的体育精神感动了无数人。耐克广告巧妙地将罗纳尔多的成长故事、追梦历程与球鞋产品完美结合，塑造出一个励志、感人的品牌形象，极大地感染和打动了消费者。人们在被罗纳尔多的体育精神所感染的同时，也深深体会到了耐克"Just do it"的品牌内涵，从而实现了情感体验和品牌认同的双重收获。

当然，感染效应的发挥，关键在于讲好故事，塑造丰满的广告人物形象。单纯展示名人的肖像、蹭名人的热度还远远不够，广告必须深入挖掘名人背后鲜为人知、感人至深的故事，通过生动、细腻的叙事方式娓娓道来，这样才能真正引发受众的情感共鸣。这对广告创意提出了更高的要求。

7.1.2　名人表现法的创意要素

名人表现法的创意和制作看似简单，实则大有学问。并非任何名人代言都能收到良好的传播效果，关键要把握以下几点。

（1）名人形象与产品定位相契合

广告创意要力求名人形象与产品定位相契合，与目标受众的审美趣味相吻合。如果名人的年龄、性别、气质、生活方式等与产品风格不符，就难以建立可信的联系，发挥应有的推动作用。

再以百年润发的广告为例。周润发温文尔雅、成熟稳重的形象，与这款洗护产品的气质完美契合。同时，他的年龄层也与产品的目标消费群体相吻合，容易引发共鸣和信赖。可以说，这是一次成功的名人与产品的完美结合。

（2）保持名人的独特性

如果一个名人的广告代言太多，跨界太广，反而会削弱其可信度和号召力。因此，名人选择代言产品时要慎重，尽量选择与自身形象相符、代言范围相对集中的产品，减少不必要的曝光，维持自身形象的稀缺性和独特性。

周润发是一个很好的例子。他在内地代言的广告屈指可数，而且多与高品质、有文化内涵的产品相关联，巧妙地维系了"高品位巨星"的独特形象。相比之下，一些明星频繁出现在各类代言中，观众很快就审美疲劳了，自然也就难以产生购买冲动。

（3）利用名人的正面新闻

与产品代言相比，名人的个人事迹和正面新闻往往能引发更多关注和共鸣，也更有利于品牌美誉度的提升。因此，广告创意要善于捕捉和利用名人的正面新闻，及时推出相应广告创意，乘势造势，实现品牌和名人形象的双赢。

以乔丹为例，他在篮球场上的出色表现、个人魅力和社会影响力，使他成为体育用品领域炙手可热的代言人。耐克一直紧密关注乔丹的赛场表现和个人生活，适时推出与其相关的广告和产品，不仅极大地提升了耐克的品牌形象，也成就了"乔丹"这一子品牌的巨大成功。

（4）避免负面新闻的影响

名人代言如同一把双刃剑，正面效应固然强大，但负面影响也不容忽视。一旦代言人出现负面新闻，极有可能给品牌形象带来不可挽回的损害，得不偿失。

因此，广告主选择名人代言时，除了要考虑其知名度和形象契合度，还要对其个人品行和公众口碑有充分的了解和评估，尽量规避潜在风险。同时，也要建立相应的危机公关预案，一旦出现负面事件，要及时采取补救措施，将损失降到最低。

7.1.3 名人表现法的应用策略

（1）产品特点选择名人

不同产品选用不同类型的名人代言。一般而言，男性用品选用男星，女性用品选用女星；青春活力类产品选用年轻偶像，高品位奢侈品选用成熟稳重的名人；本土品牌选用本国明星，国际品牌选用国际巨星。总之，要根据产品的调性和受众特征，甄选与之最为匹配的代言人，才能收到事半功倍的效果。例如蒂凡尼选用易烊千玺作为代言人，既符合该品牌高端奢华的定位，又迎合了年轻消费群体的偶像崇拜心理，可谓是一次非常成功的跨界合作。

（2）借助名人讲述品牌故事

名人表现法不应停留在简单的肖像展示和口号宣传上，而要充分利用名人的个人魅力，塑造引人入胜的品牌故事，赋予品牌更丰富、更动人的内涵。

这就要求广告创意在名人形象展示之外，还要善于发掘其鲜为人知的动人故事，通过生动的叙事方式，将产品与名人的生活体验、价值观念巧妙结合，赋予产品独特的文化内涵和情感温度，引发受众的情感共鸣。

1995 年，孔府家酒的电视广告可谓是经典范例。它没有简单地请来王姬"站台"，而是巧妙地将其与电视剧《北京人在纽约》中饰演的柔情似水的女性形象相结合，将一个思乡怀旧的动人故事娓娓道来，成功塑造出"叫人想家"的温馨形象，引发了消费者的普遍共鸣。

（3）契合目标受众的心理

名人代言要充分考虑目标受众的心理特点和接受习惯，努力营造合拍的心理暗示。年轻群体容易接受偶像明星，中老年群体更信赖成熟稳重的名人；普通大众喜欢接地气的平民形象，高端人群则欣赏高品位的精英形象。洞察不同群体的心理需求，运用最具针对性的名人表现，才能真正打动人心。

（4）加强品牌个性化塑造

名人代言不应是一锤子买卖，而要在延续性、一致性上下功夫。要围绕名人的个人特质，提炼出鲜明的品牌个性，并在广告创意中反复强化，使之深入人心。同时，要保持名人形象的高度一致，切忌朝令夕改，避免形象分裂。

如"飞人"乔丹的个人英雄主义色彩与耐克"Just do it"的品牌精神高度契合，已然成为体育精神的代名词。"乐坛常青树"麦当娜与百事可乐"百事一代"的青春活力渊源已久，历久弥新。这些经典案例无不依托名人的个人魅力，构建了鲜活生动、个性鲜明的品牌形象。

7.2 幽默表现法

幽默表现法

幽默作为一种独特的艺术表现手法，在广告创意中有着重要的地位。它以巧妙的构思、风趣的语言、夸张的形象，营造出轻松愉悦的情境氛围，不仅能有效吸引受众注意，激发情感共鸣，更能使广告信息在欢声笑语中潜移默化地影响受众，达到事半功倍的传播效果。

7.2.1 幽默广告的表现类型

幽默广告的表现形式多种多样，大致可分为语言幽默、图形幽默、幽默故事三大类。优秀的幽默广告往往综合运用多种表现手法，形成独特的创意风格，给人耳目一新之感。

（1）语言幽默

语言是幽默的重要载体。一句俏皮的广告词，一组妙趣横生的对白，往往能瞬间点亮广告的幽默气质，引发受众会心一笑。

语言幽默经常以双关语、比喻、夸张等修辞手法制造出意料之外的趣味效果。比如，"有了它在手，妈妈再也不用担心我的起床了"（闹钟广告），"如果你恨一个人，就送他一台打印机"（打印机广告）。这些看似荒诞不经的广告语，却巧妙地戳中了产品的痛点，用夸张的比喻生动表现了产品的独特价值，不禁令人会心一笑。

双关语也是语言幽默的常见手法。所谓双关，就是利用词语的多重意义制造出意想不到的趣味效果。如"我们都爱swatch（瑞士手表品牌），因为swatch爱我们"。此处"爱"一语双关，表面在说对手表的喜爱，实则暗指情侣之间的爱意，令人浮想联翩。同类型的还有优乐美奶茶广告，以"捧在手心的奶茶"表达男生对女生的感情。

语言幽默要杜绝低俗庸俗，避免刻意搞笑。优秀的幽默广告应在诙谐幽默中蕴含机智，在调侃戏谑中体现人文关怀，做到既雅俗共赏，又发人深省，给人以艺术熏陶和心灵愉悦。

（2）图形幽默

在视觉为王的时代，图形传播有着得天独厚的优势。许多幽默广告正是利用创意图形、夸张漫画等视觉元素，构建出引人发笑、意味深长的画面张力，赋予产品独特的个性魅力。

拟人化手法是图形幽默的常用手段。将动物、物品、概念等非人对象赋予人的形象特征，常能收到出其不意、妙趣横生的效果。

某疾病预防公益广告以抽象的病毒为视觉主体，将其拟人化为一个丑陋搞怪的小怪兽形象（图7-1）。它戴着徽章、叼着雪茄、穿着外套，活脱脱一个十恶不赦的黑帮大佬形象。这一夸张的视觉类比，不仅形象生动地表现了疾病的危害性，也为抽象的医学概念赋予了鲜活的视觉形象，令人印象深刻。

画面违和也是制造图形幽默的利器。将两个貌似风马牛不相及的事物巧妙组合，常能产生意想不到的喜剧张力，引发受众会心一笑。如某房地产广告，竟将高楼林立的都市风光与童话中的糖果屋巧妙融合，楼宇被赋予了绚丽缤纷的糖果色彩和质感（图7-2）。这一荒诞不经的画面对比，既突出了房地产的甜美诱惑，又暗喻了现代都市犹如童话世界般的美好憧憬，令人莞尔一笑的同时，更勾起了人们对美好生活的无限遐想。

图7-1 运用图形幽默的疾病预防公益广告
（图片来源：AIGC生成）

图7-2 运用图形幽默的房地产广告
（图片来源：AIGC生成）

（3）幽默故事

故事是人类传递智慧与分享经验的重要方式。将幽默元素融入故事叙事中，常能收到寓教于乐、潜移默化的传播效果。幽默的故事情节，不仅能吸引受众持续关注，加深信息记忆，更能在共情互动中强化品牌认同，塑造品牌个性。

一个优秀的幽默故事，往往以新颖的创意构思、曲折的情节发展、出人意料的结局，吸引受众跟随故事展开想象，引发情感共鸣，继而引导受众思考人生，升华主题内涵。

前面提到的优乐美奶茶广告，以一对情侣的斗嘴故事为叙事主线，当两人为"最喜欢对方哪一点"而你来我往、妙语连珠时，观众也跟随情节展开想象，代入角色进行共情，在捧腹一笑的同时也感受到人物的可爱与真情。随着故事的发展，当话题自然过渡到对优乐美奶茶的称赞时，这种美好体验也自然迁移到品牌形象中，实现了将故事感动转化为品牌认同的华丽转身。

7.2.2 幽默广告的传播功能

幽默广告之所以备受青睐，正是源于它独特的传播优势。无论是吸引注意力、加深记忆，还是增强说服力，幽默广告都有着不可替代的积极作用。

（1）吸引受众的注意力

在信息过载的时代，受众的注意力资源日益稀缺。如何在铺天盖地的广告轰炸中脱颖而出，成为每一个广告主的必答题。而幽默广告恰恰为这一难题提供了一个创意化的解决方案。

幽默广告以新奇的创意、诙谐的语言、夸张的画面，常常能在第一时间抓住受众眼球，引发受众好奇探究的欲望。当人们被广告的趣味性内容所吸引时，他们往往会不自觉地放下戒备，主动去探寻广告所要表达的信息，继而被产品特性和品牌内涵所打动。

以娃哈哈苏打水饮品广告为例（图7-3）。当一个穿着运动鞋、打着绷带的"活力水瓶"出现在画面上时，这一出人意料的视觉形象无疑能在第一时间吸引人们的注意力。人们会不禁好奇：这个趣味十足的小水瓶究竟是何方神圣？当目光被这一夸张形象所捕获时，广告背后所要传播的补水、增加活力等理念，也随之引起了受众的关注与思考。正是幽默创意在无形中吸引了受众的注意力。

当然，幽默广告的吸睛效应要建立在契合受众心理、引发情感共鸣的基础上，要尊重文化差异和伦理底线。低俗、庸俗的幽默不仅难以引起受众的兴趣，反而可能引发受众的反感和抵触。只有真正代入受众视角，洞察其情感需求，以机智睿智的幽默创意拨动心弦，才能真正赢得受众的青睐。

图7-3　娃哈哈苏打水广告
（图片来源：www.xiaohongshu.com）

（2）加深受众记忆

众所周知，要实现营销目标的达成，仅仅吸引受众注意力还远远不够，关键要让产品信息在受众心智中占据一席之地，形成持续的品牌记忆。而幽默广告在强化受众记忆方面，有着独特的心理优势。

心理学研究表明，幽默能够激活人们的奖赏中枢，让大脑分泌多巴胺等"快乐物质"，从而营造轻松愉悦的情绪体验。当人们沉浸在积极的情绪中时，往往会对当下的环境和信息投入更多的注意力，进行更深层次的加工处理。因此，那些诙谐有趣的广告信息，往往更容易在受众心智中形成深刻、持久的记忆。

以"李子明同学，你的妈妈带了2瓶旺仔牛奶来看你！"这则经典旺仔牛奶广告为例（图7-4）。

图7-4　经典旺仔牛奶广告
（图片来源：https://youku.com/）

当人们被这则广告诙谐幽默的措辞所吸引时，这种愉悦、轻松的情绪体验会促使他们在心理上投入更多的注意力资源，去加工、理解广告的内在含义。随着对广告信息的深入思考，他们会联想到牛奶的醇厚口感、与亲情的情感联结等积极因素，从而在记忆中建构起一个温馨、美好的印象。久而久之，当人们再次想起这则幽默广告时，脑海中就会自然浮现出这个令人会心一笑的经典广告语，继而唤起对该品牌的美好回忆。

幽默广告常常以出人意料的结局、新奇有趣的叙事，在认知层面为受众带来惊喜感和新鲜感。当广告信息打破受众的思维定式或超出预期时，这种"惊喜"会激发受众展开更多的思考和想象，继而加深其对广告内容的记忆。

（3）增强广告说服力

幽默广告以诙谐有趣的表现形式，营造出轻松愉悦的传播氛围，缓解了受众对广告的心理抵触和防御心理。当人们沉浸在欢声笑语中时，往往会不自觉地放下戒备，以更加开放、积极的心态去接纳广告信息。在这种情境下，品牌信息更容易渗透到受众内心，实现从心理接纳到行为说服的递进传播。

许多幽默广告还善于将说服话题与社会热点、情感诉求相结合，通过妙语连珠、机智过人的表现，在潜移默化中影响受众的认知和态度。当幽默元素恰到好处地渗透在论证过程中时，冰冷的事实逻辑也变得生动鲜活起来，枯燥的产品卖点也被赋予了情感温度，从而拉近了与受众的心理距离，实现了理性说服与情感感染的双向奏效。

"李子明同学，你的妈妈带了2瓶旺仔牛奶来看你！"这则经典旺仔牛奶广告的主角李子明同学现已长大，长大后的他成为一名人民教师。旺仔牛奶根据其成长经历制作了一则新广告。三年级二班李子明同学现在已变成三年级二班李老师了，两罐旺仔牛奶也更新为8L超大装旺仔牛奶。以时间、人物及职业的变换来说明，即使长大成人，也依旧爱喝旺仔牛奶，从而证明旺仔牛奶的优质口感。

幽默广告作为广告创意的重要表现形式，以诙谐幽默的独特魅力赢得了受众的普遍青睐，在吸引受众注意力、加深受众记忆、增强广告说服力等方面体现了重要的传播价值。而优秀的幽默广告，更是洞察人性之微、把握时代之脉的创意结晶，是广告创意者智慧才情与匠心独运的完美呈现。

7.3 图形同构设计

图形同构法

7.3.1 图形同构的概念与特征

"同构"一词，在数学、物理、生物等领域，泛指两个或多个事物在形态、结构、功能等方面存在某种对应关系。

在诸多经典的视觉作品中，图形同构创造出令人拍案叫绝的想象空间。荷兰艺术家埃舍尔的版画作品，堪称同构艺术的典范。在他的代表作《天与水》（图7—5）中，埃舍尔巧妙利用鱼与鸟在形态上的相似性，将天空与海洋无缝拼接，鱼在水中畅游，鸟在天际翱翔，两个看似毫不相干的空间奇妙交融，形成一个自洽、和谐、又富于诗意的"不可能世界"（图7-5）。观众在欣赏这一作品的过程中，仿佛跟随着鱼鸟一起邀游在想象的世界里，在现实与幻境的交织中领略到同构艺术的独特意趣。

在平面设计领域，图形同构是一种屡试不爽的创意利器。设计大师福田繁雄的海报作品就充分运用了同构手法，创造出独具一格的视觉风格。在他的《贝多芬第九交响曲》海报中，贝多芬标志性的侧面头像轮廓被保留，但这一轮廓又与鸟、马、音符等看似风马牛不相及的图形元素巧妙融合，造就了一个个令人眼前一亮的"贝多芬"形象（图7-6）。这些拟人化、拟物化的同构变奏，不仅赋予了经典头像以崭新的生命力，也象征着伟大音乐家的创造精神和想象力，引发人们对艺术生命多重意蕴的思考。

图7-5　《天与水》版画作品
（图片来源：https://www.baidu.com/）

图7-6　福田繁雄《贝多芬第九交响曲》海报作品（图片来源：https://zhuanlan.zhihu.com/p/370049871? utm_id = 0)

图形同构绝非简单的视觉游戏，它源于设计者对事物内在关联的敏锐洞察，源于跳出既有思维定式、突破视觉惯性的创新意识。通过对不同事物进行类比，发掘其间的形态契合点，并将其创造性地组合，设计者构建起一个崭新的视觉世界，挖掘出蕴藏在平凡事物中的无限可能，唤醒人们重新审视世界、突破自我局限的内在冲动。

7.3.2　图形同构的表现类型

图形同构作为一种独特的创意思维方式，在视觉表现上呈现出多样化的面貌。总体而言，可以将图形同构划分为两大类型：置换同构与异质同构。两类同构方式在内在机制和外在表征上既有相通之处，又各具特色，为设计师提供了更加丰富、更加立体的创意路径。

（1）置换同构

置换同构，顾名思义，是一种基于置换、替代的同构方式。它是指利用两个或多个图形元素在局部上的相似性，将其中一个元素的局部替换为另一个元素，从而衍生出一个崭新的视觉图形。在这一过程中，原有图形的整体轮廓、骨架得以保留，但某一局部又被巧妙置换，平添了一份新奇、出人意料的视觉体验。

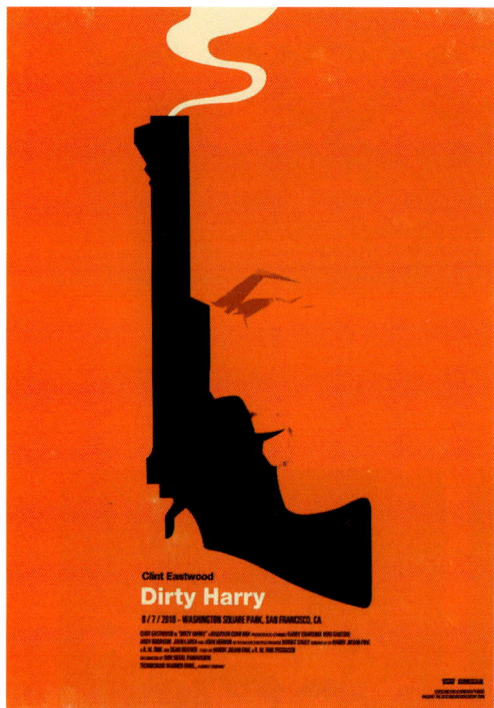

图7-7　运用置换同构表现手法的反吸烟公益海报（图片来源：https://www.aigei.com/item/fu_xing_hai_bao.html）

举例来说，著名设计师斯特凡·萨格迈斯特（Stefan Sagmeister）的社会公益海报，就充分运用了置换同构的表现手法。在反吸烟公益海报中，他将香烟的烟雾部分替换成了一个枪口冒出的硝烟（图7-7）。这一细节的置换，不仅形态上巧妙贴合，寓意上也一针见血：吸烟和开枪一样，都是在残害生命，都是对健康的"谋杀"。烟雾与硝烟的视觉类比，生动形象地表达了控烟理念，让人印象深刻。

在设计师诺玛·巴尔（Noma Bar）的作品中，置换同构也是一种屡见不鲜的创意表现形式。设计师善于捕捉人物面部轮廓与各类事物之间的相似性，并以此为契机，将面部特征与物品形态巧妙融合，创造出令人眼前一亮的视觉隐喻。

譬如，在一幅反战争题材的海报中，扣动扳机的部分被置换成了一个流血的人面，象征着战争的残酷（图7-8）。在另一幅反家暴公益海报中，人物面部的嘴唇部分又被置换成了一只拳头的形状，形象地表现出暴力给人带来的伤害，这些局部细节的置换，不仅保留了人物面部的基本识别性，也赋予其全新的象征内涵，使作品寓意更加深刻、震撼人心。

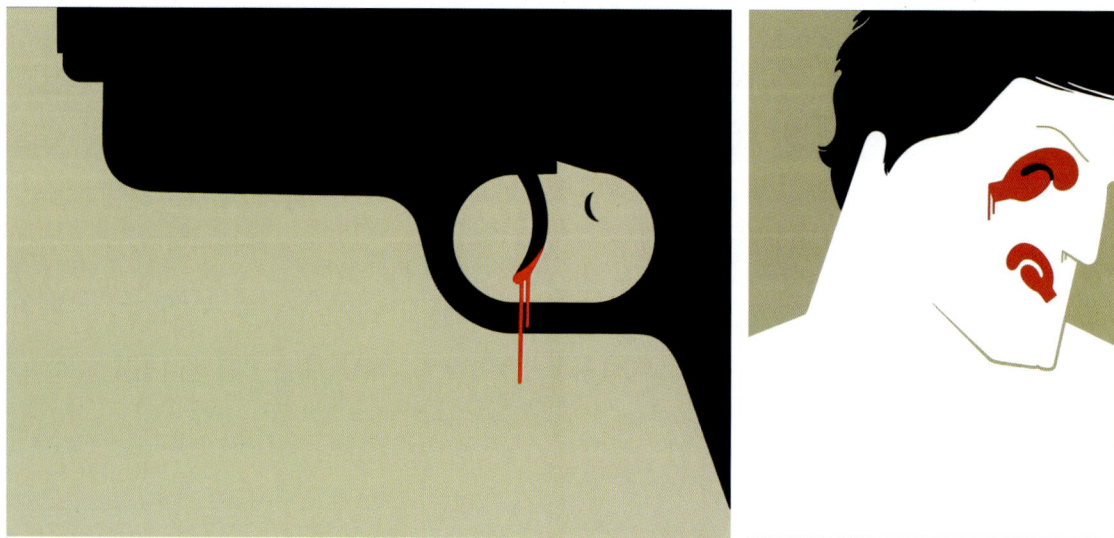

图7-8　运用置换同构表现手法的反战争海报与反家暴公益海报（图片来源：https://huaban.com/）

置换同构是一种基于相似性的创造性思维。它鼓励设计师跳出事物的既有属性束缚，从纷繁的视觉元素中发掘形态契合点、建立联系，并以此为基础，进行解构、重组、再创造的创意实践。这一过程既能唤醒人们重新审视常见事物的意识，又能生动表达设计者的美学见解和人文关怀，可谓一举多得。

（2）异质同构

异质同构探索的是一种更加复杂、更加出人意料的形态关联。它不限于具体形状的局部替换，而是着眼于不同事物的整体质感、肌理特征，通过对材质肌理的移植、嫁接，创造出一种"非典型"的视觉形态，从而引发受众更加丰富、更加立体的联想和思考。

在异质同构作品中，我们常常见到"石头做的鸟""羽毛构成的森林""钢琴变成的楼梯"，这些看似荒诞不经的意象组合，正是设计师跳出惯性思维、开拓想象力的结果。通过对不同材质元素的提取、融合，原本互不相干的事物在视觉上建立起一种意想不到的关联，仿佛来自一个超现实、魔幻的世界。这种"非典型组合"所构建的视觉悬念，不仅激发了观众的好奇心，也为其想象力插上了翅膀，带领其在现实与虚构的边界上自由翱翔。

荷兰视觉艺术家Redmer Hoekstra的系列作品堪称异质同构创作的典范。他善于捕捉常见事物的材质、结构特征，并将其创造性地移植到动物、风景等意象之中，创造出一个个不可思议又无比诗意的"异质空间"。

譬如，在其一幅名为《犀牛》的插画中，犀牛的身体被置换成了一艘帆船的材质和结构（图7-9）。帆船尖锐的桅杆与犀牛粗糙、厚实的皮肤质感形成了鲜明的反差，又在宏观轮廓上暗合无间，营造出一种机械与自然相融合的超现实景象。这种夸张的"异质嫁接"，既生动揭示了犀牛的特性，又赋予其一种蒸汽朋克式的科技感，令人眼前一亮。

在其另一幅作品《长颈鹿牙刷》中，长颈鹿的头部被替换成了牙刷的刷头，牙刷握柄部分又仿佛融入长颈鹿脖颈之中，自然与人造物浑然一体，呈现出一种诡异的意境（图7-10）。这种看似不着边际的异质联想，却莫名引发了人们对人与自然、科技与生态关系的思考，令人回味无穷。

图7-9 插画《犀牛》

（图片来源：https://huaban.com/）

图7-10 插画《长颈鹿牙刷》

（图片来源：https://huaban.com/）

图7-11　Drift储物柜
（图片来源：https：//www.sohu.com/a/808303357 _ 120004027）

异质同构在产品造型设计中的运用，同样能创造出令人耳目一新的视觉效果。日本设计师Nendo设计的Drift储物柜，以水面上漂浮的树叶和树枝为灵感，在玻璃架子上添加了一个木制元素，让观众产生一种漂浮和漂流的感觉（图7-11）。通过实木和磨砂玻璃之间的巧妙平衡，使其饰面产生"水"的效果。

异质同构是一种更加综合、立体的创意思路。它鼓励设计师突破固有材质属性的藩篱，以发现者和创造者的双重身份，在常见事物中发掘新奇的"质感关联"，挖掘蕴藏其中的创意潜力，进而衍生出更多意想不到、令人拍案叫绝的视觉悖论。这种创作过程，既能拓展事物的表现可能，赋予其全新的生命力，也能引领观众突破思维定式、开启"质感想象"的新维度，从既有经验图式的桎梏中解放出来。

7.3.3　图形同构在广告设计中的应用

在当今广告设计领域，图形同构已经成为一种屡试不爽的创意利器。越来越多的广告创意者开始尝试运用置换同构、异质同构等方式，为产品和品牌注入新的生命力，塑造更加鲜明、立体的视觉形象，引发受众共情。可以说，图形同构为广告创意开辟了一片全新的天地，也为商业传播效果的提升提供了更多可能。

通过发掘事物间的形态关联，将看似风马牛不相及的视觉元素巧妙融合，图形同构常常能在第一时间吸引受众的目光，令其眼前一亮。这种出人意料又莫名熟悉的视觉悖论，不仅能激发人们探索图形奥秘的欲望，也能唤起人们重新审视事物的意识，引发更多的联想和思考。由此，广告信息得以在潜移默化中渗透人心，实现由被动接受到主动探寻的蜕变。

以下面这组麦当劳薯条广告为例（图7-12）。广告创意者将薯条的形态与马路巧妙融合，视觉冲击力十足。这一局部细节的置换，不仅保留了麦当劳标志的基本识别性，也生动传达了"条条大路通往麦当劳"

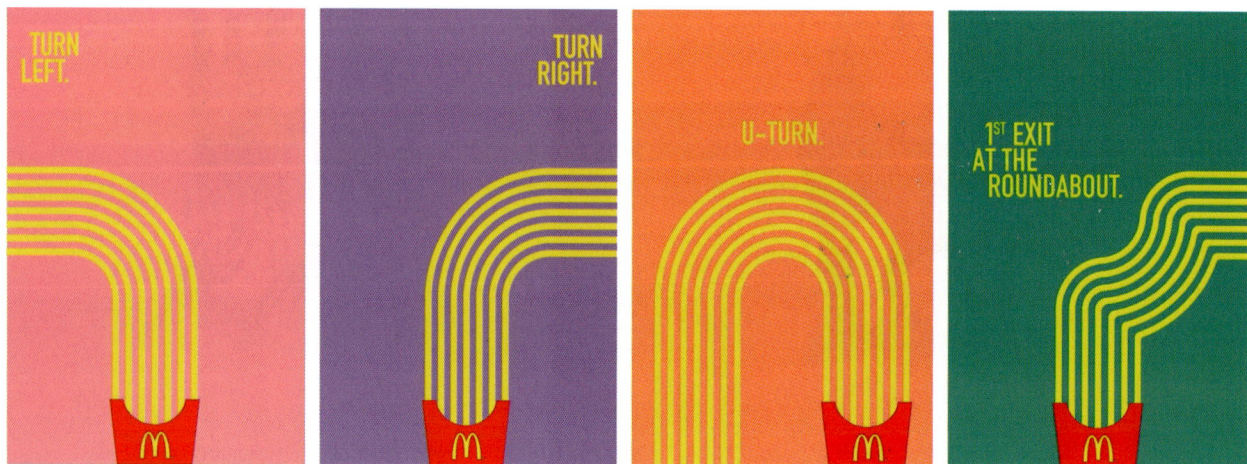

图7-12　图形同构在麦当劳薯条广告中的应用（图片来源：https：//www.foodtalks.cn/news/40890）

的潜台词，令人过目难忘。在幽默诙谐的表象下，广告引发人们对快餐文化的思考，可谓耐人寻味。

图形同构能够创造性地诠释产品卖点，强化品牌认知。在广告传播中，一个关键问题是如何将枯燥的产品信息转化为生动、有趣的视觉符号，进而引发受众共鸣。而图形同构为这一难题提供了出色的创意路径。

以图7-13宜家家居的平面广告为例，广告创意者将书桌、沙发、衣柜等家具产品创造性地解构为基本的几何图形，并以拼积木的视角重新组装，生动诠释了宜家家居"可量身定制"的产品特性。这种简约幽默的视觉化策略，不仅准确传达了产品卖点，也激发了人们"乐在其中"的参与热情，拉近了品牌与消费者的距离。

图形同构能增强广告的情感感染力，引发受众共情。广告传播的核心在于构建情感纽带，而图形同构恰恰为情感互动搭建了一座桥梁。

一方面，置换同构所塑造的视觉比喻往往蕴含着丰富的文化隐喻。当人们辨识出隐藏其中的视觉修辞时，冰冷的图形元素也被赋予了生动的情感温度，广告由说理型转为感性型，从而引发更多的情感投射。另一方面，异质同构所营造的陌生化景观，往往能唤起人们重新审视生活的意识。当习以为常的事物以一种全新的面貌呈现时，人们内心深处的情感体验也被激活，从而引发共情。

以图7-14公益广告为例。设计师将手掌纹路与树木巧妙融合，以极具异质感的视觉悖论，生动揭示了自然与人类命运的关系。这则广告的视觉张力之大、情感冲击之强，令人瞠目结舌、刻骨铭心。仅仅一个局部的置换，就在瞬间点明了保护环境的重要性，可谓用心良苦。

7.3.4　图形同构的创意策略与实践要点

图形同构为广告创意创造了无限可能，但如何驾驭这一利器，将天马行空的构思转化为精准到位的视觉呈现，考验着每一位广告创意者的智慧与功

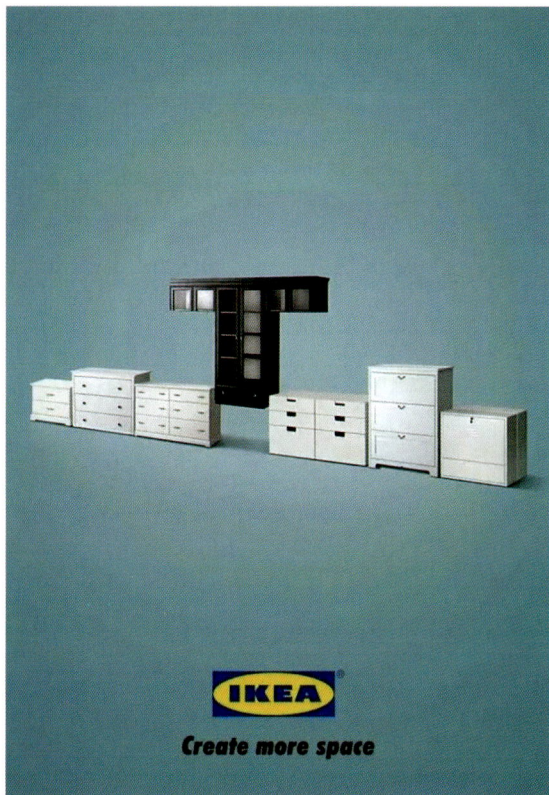

图7-13　图形同构在宜家家居广告中的应用
（图片来源：https://huaban.com/）

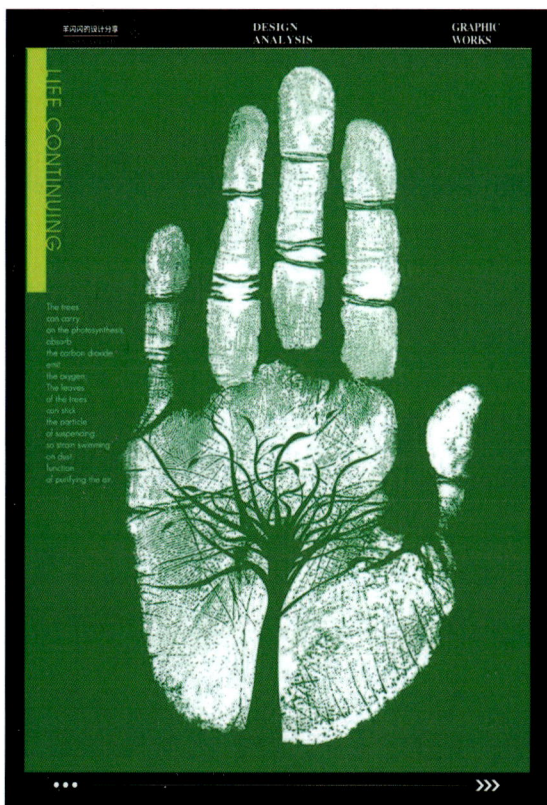

图7-14　异质同构在公益广告中的应用
（图片来源：https://huaban.com/）

力。下面将从多个维度介绍图形同构的创意策略与实践要点。

（1）洞察事物，发现关联

图形同构的创意之源，来自对事物的敏锐洞察。广告创意者唯有时刻保持好奇心和探索欲，以发现者的眼光去捕捉日常生活中的点点滴滴，才能在纷繁多变的视觉元素中发现隐藏的关联，激发创作灵感。

那么，如何才能做一个善于观察的广告创意者呢？首先，要学会换位思考，跳出惯常视角，从多元的文化语境中觅得新奇的切入点。其次，要勤于积累，广泛涉猎，在不同领域的碰撞中拓展认知边界，丰富创意储备。再次，还要保持谦逊开放的心态，乐于倾听他人的见解，在交流讨论中激荡思想的火花。

（2）明确诉求，巧用视觉修辞

图形同构绝非单纯的视觉游戏，它必须服务于明确的传播诉求。因此，在构思过程中，广告创意者需要时刻以受众为中心，深入洞察其心理需求，明晰传播目标，继而发掘、提炼最能打动人心的视觉线索，加以重组和放大，最终创造出简洁而有力的视觉修辞，精准触达受众内心。

例如，在图7-13宜家家居广告中，设计师并未机械照搬家具产品，而是提炼出最能体现其模块化特点的基本几何形块，继而将传播诉求与儿时搭积木的美好回忆巧妙链接，不仅准确传达了产品卖点，更激发了丰富的情感共鸣。图7-15宜家家居广告运用了这种化繁为简、以小见大的表现策略，正是视觉修辞的典范运用。

图7-15　化繁为简、以小见大的宜家家居广告（图片来源：www.xiaohongshu.com）

（3）打破思维定式，追求出人意料

图形同构讲求新奇感和意外性。广告创意者需要主动打破思维定式的桎梏，从习以为常的视觉经验中解放出来，以"怎么看都不对劲，但就是很有道理"的悖论式构思，创造出令人眼前一亮的"惊喜"。

打破思维定式，首先需要冲破"路径依赖"，跳出惯常的思路。面对一个传播主题，广告创意者往往会不自觉地朝某个既定的方向探索，这很可能就限制了创意的广度。因此，要有意识地换个角度，尝试"反其道而行之"，给大脑来一次"颠覆式头脑风暴"。其次，还要跳出对错的二元对立，学会在"似是而非"的悖论中探求新意。例如，将两个貌似矛盾的事物硬生生扯在一起，就有可能迸发出奇妙的化学反应。

（4）注重情感联结，激发共情

当今时代，图形同构不仅要吸引注意力，更要打动人心。广告创意者需要深入挖掘人性深处的情感需求，以共情为纽带，将看似冰冷的视觉符号转化为贴近生活、润物无声的情感表达，引发受众的情感共鸣。

例如，图7-7反吸烟公益广告中，广告创意者巧妙地将香烟与手枪并置，用强烈的视觉冲突刺痛人心，让人联想到吸烟对生命的残害。这则广告之所以令人刻骨铭心，正是因为它直击人性深处对生命的敬畏，激发了人们强烈的情感认同。这就是广告创意者用心体察人性，精准引爆情感地雷的结果。

图7-16节约粮食公益广告，广告创意者将麦子的麦穗部分置换为餐具，以隐喻粮食的珍贵。广告巧妙激活了人们关于饥饿的情感记忆，引发强烈共鸣，令人动容。

图7-16 运用置换同构的节约粮食公益广告（图片来源：AIGC生成）

（5）把握创意尺度，避免过犹不及

运用图形同构进行创意表达，还需要把握好创意的火候和分寸。一味追求视觉冲击力而忽视内在的情理逻辑，就容易流于肤浅，甚至造成负面的效果。随着图形同构在广告创意中的广泛运用，新奇的构思将层出不穷，多元的表达将不断涌现。广告创意者需要立足人性，以敏锐的洞察捕捉时代的律动；需要心怀敬畏，以高度的文化自觉承担引领风尚的责任；更需要执着坚守，以坚定的价值追求诠释设计的真谛。唯有如此，才能在纷繁芜杂的商业语境中擎起创意的灯塔，用作品诠释生命的意义，为人类描绘更加清澈明亮的心灵图景。

7.4 悬念手法

在纷繁复杂的广告语境中，如何吸引受众注意力、激发其探究欲，是每一位广告人孜孜以求的目标。在众多创意表现手法中，悬念手法以神秘感吸引受众，以未知感引发好奇心，以探究欲留住目光，可谓是调动受众积极性、提升广告传播效果的一剂"灵丹妙药"。接下来，让我们走进悬念手法的创意世界，感受其独特魅力。

7.4.1 悬念手法的内涵与功效

悬念手法是指广告创意者有意隐去关键信息，制造神秘感，引发受众不得其解的猜疑，继而激起强烈探究欲的表现手法。通过设置悬念，广告能在受众心理上掀起好奇心的波澜，成功吸引其关注，更能引发一系列积极的思维探索，使受众主动参与信息解读，最终在参与感中加深对广告内容的理解和认同。由此，悬念成为调动受众积极性、提升广告传播效果的一剂"灵丹妙药"。

这种创意表现手法常用于预告式广告，即先设置悬念，吊足受众胃口，继而层层揭开谜底，引向产品或品牌。如法国著名服装品牌Lacoste的系列广告"天命奇缘"，便是悬念手法的经典运用。广告中，一位绅士和一位淑女在火车站不期而遇，命中注定般坠入爱河。而后，随着火车的穿梭，他们在不同的时空中邂逅、错过，似乎隐喻着一段跨越时空的浪漫爱情。整个广告充满神秘感，却又不露痕迹地散布线索。鳄鱼Logo的反复出现暗示了品牌身份，不同年代服饰的交替预示了时尚演进，直到最后，Lacoste的品牌名缓缓显现，谜底才彻底揭晓。原来这是一部时尚品牌的史诗级爱情长诗。

7.4.2 悬念手法的关键要素

要想驾驭悬念手法，首要前提是洞悉其关键要素。唯有把握悬念制造的内核，方能确保其发挥应有功效，达到预期目标。一般而言，成功的悬念广告须具备以下几点。

（1）吸睛有趣的内容

悬念的设置，首先要基于能吸引人、引起兴趣的内容。内容是否吸引人，是悬念发挥作用的先决条件。如果广告本身乏善可陈，即便设置再多悬念，也难以留住受众的目光。相反，如果内容出其不意、令人好奇，稍加悬念就足以激发受众的探究欲，吸引受众主动参与解读。

GNC Burn 60减肥药广告以黑色幽默的内容博得受众眼球（图7—17）。广告采用恐怖漫画风格，讲述了三个肥胖悲剧：躲避原始人时因肥胖跑不快而被捕杀、躲避鳄鱼时腹部卡在窗口而被咬伤、偷情时因肥胖引起注意而被捉奸，每一幕都令人捧腹又隐含悲剧意味。正是这种令人又爱又恨的内容设置，使悬念如虎添翼，吸引受众来探个究竟。而当谜底揭晓，"Burn 60帮你减掉大肚腩，让你享受生活"的广告语出现时，受众在会心一笑中更能领悟减肥的重要性。

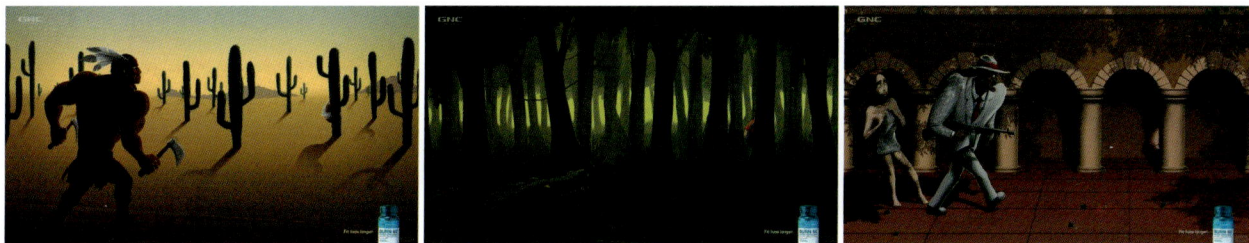

图7-17　GNC Burn 60减肥药广告（图片来源：https：//huaban.com/）

（2）引人入胜的故事情节

有了吸睛的内容，还需要有曲折动人的故事，方能最大限度地引起受众的兴趣，引发情感的共鸣。可以说，精彩的故事情节是悬念得以发挥的助推器。它能在吸引眼球的同时，激发代入感，让受众沉浸在揣测情节发展的乐趣中，主动探寻谜底。而当悬念解开、情节落幕时，动人的故事又能让广告内容深入人心，在情感认同中达成传播目的。

德国汽车品牌奔驰的广告《长征》，以感人至深的故事娓娓道来，将悬念的作用发挥到极致（图7-18）。广告以倒叙的形式讲述了一位慈母的故事：一位母亲参加比赛，她的女儿却拒绝出门去支持她。当这位母亲参加比赛时，她的女儿正在翻阅日记本，日记本记录了这位母亲的故事。她原先是一位登山冒险家，一次事故摔断了腿，在大家都以为她可能再也不能行走时，她开始艰苦训练参加铁人三项比赛。女儿其实是担心母亲重蹈覆辙，才拒绝支持妈妈从事运动项目。最后，女儿还是改变了主意，打电话让父亲开车去接母亲。通过日记表达了这位母亲的坚韧，展现了女性的各种力量。广告旨在展现奔驰汽车坚韧不拔的品质。

图7-18　奔驰广告《长征》（图片来源：https：//www.digitaling.com/）

（3）恰到好处的悬念设置

内容吸睛有趣，故事引人入胜，悬念设置还需要恰到好处，方能真正撩拨受众的探究欲。可以说，对悬念的把握，是广告创意者运用这一手法的关键所在。悬念设置得太浅显，则会索然无味，失去吸引力；悬念埋得太隐晦，又会不知所云，令人望而却步。唯有把握火候，在明示与暗示间找准平衡，才能持续激发受众的探索兴趣，又不至于扰乱其思路。

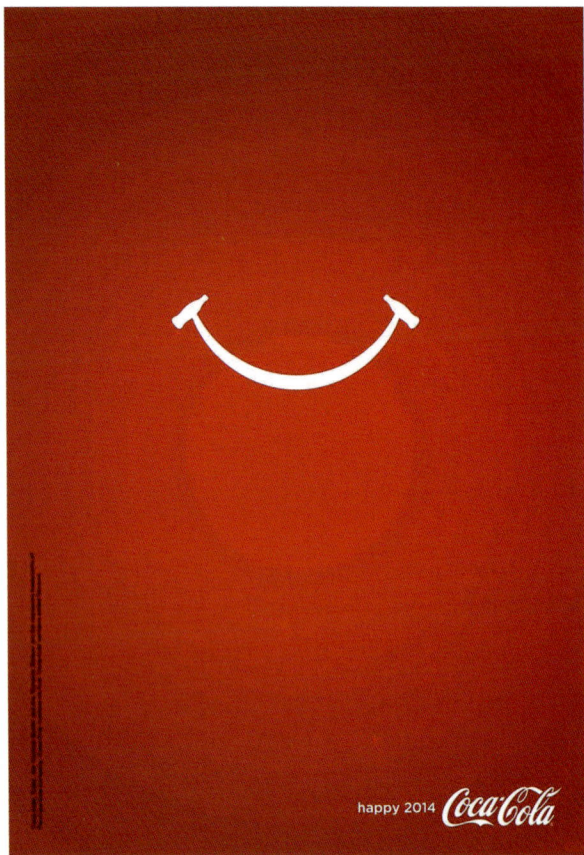

图7-19 可口可乐《新年的好运就是微笑》广告
（图片来源：https://weibo.com/）

可口可乐的平面广告《新年的好运就是微笑》，以巧妙的悬念设置吸引了观众的眼球。广告以红色为背景，只留下白色的弧线，颇有抽象画的神秘感（图7-19）。但细心的观众会留意到，线条两端隐隐勾勒出可乐瓶的轮廓，似乎在暗示什么。而当目光聚焦右下角，可口可乐的标志映入眼帘时，谜底才彻底揭晓。原来，这抽象线条是喝过可口可乐后的开心笑容。

这则广告可谓以少胜多，以简御繁。广告创意者以极简的视觉语言，巧妙设置悬念，既给人无限遐想的空间，又适时点明关键信息，恰到好处，引人玩味。

再如猫途鹰旅游网站的系列平面广告，从小猫的视角切入，生动诠释了"世界那么大，我想去看看"的旅游心理（图7-20）。广告以萌趣的卡通画风，将各地标志性景观与一只好奇的小猫巧妙结合，似乎在隐喻：如果连小猫都按捺不住好奇心，我们又怎能错过探索世界的机会？整组广告构思巧妙，

图7-20 猫途鹰旅游网的系列平面广告（图片来源：AIGC生成）

视角独特，通过小猫天性的类比，准确把握受众需求，引发共鸣。

由此可见，悬念设置的精妙之处，正在于看似欲盖弥彰，实则给人探索的乐趣。唯有在神秘感与提示性间找到平衡，既激发猜想，又预留线索，方能一步步地引导受众参与，最终水到渠成地揭示广告诉求。

7.5　正负图形设计

正负图形表现法

正负图形设计源于格式塔心理学的图底理论。早在20世纪初，德国心理学家马克斯·韦特海默就提出，人们对客观事物的知觉，往往建立在"图"与"底"的相对分离之上。图是人们感知的前景和主体，而底则隐匿于背后，作为陪衬和基座。然而，在特定条件下，图与底的边界也可能模糊甚至互换，呈现出知觉的模糊性和不确定性。由此，正负图形应运而生。

在诸多经典案例中，丹麦心理学家埃德加·鲁宾设计的"鲁宾之杯"堪称一绝（图7-21）。这幅由白色杯型和黑色侧面人脸构成的双稳态图像，生动诠释了正负图形的图底易位、多重解读等特征：当人们将视线聚焦于白色区域时，一个端庄典雅的高脚杯跃然纸上；但当人们将目光转移到黑色区域时，两张人脸若隐若现。图与底在此消彼长中完成角色互换，不断开启新的意义空间，令人们叹为观止。

在艺术大师的创作实践中，荷兰版画家埃舍尔将正负图形的艺术表现推至极致。他以独特的数学思维和精湛的版画技艺，构建起一个个不可思议的视觉悖论。在他笔下，鱼与鸟可以无缝嵌套，天使与恶魔能够共治一炉，正负图形的完美契合，天衣无缝的图底转换，开启了一个个超越现实却又无比和谐的想象世界，令人见之难忘。

图7-21　"鲁宾之杯"
（图片来源：https://www.baidu.com/）

7.5.1　正负图形在广告设计中的表现手法

在商业传播的语境中，正负图形设计愈发彰显出独特的价值。越来越多的广告创意者开始尝试运用正负图形的巧妙转换来唤醒受众感官，以图底关系的妙趣横生引发思考与共鸣，为品牌传播注入了更多生机与活力。

纵观诸多优秀广告，正负图形的表现手法可谓异彩纷呈。概而言之，不外乎"图底反转""放射状图底反转""水平交错式反转"三大类型，但在细微处又各具特色，展现出千变万化的创意图景。

（1）图底反转

图底反转可谓正负图形设计的典型表现。通过重新界定、调配画面的图形与底色，广告创意者有意模糊视觉元素的边界，制造出意味深长的"模棱两可"。在这种图底难辨的意象悬念中，画面寓意被不断开掘，意义阐释在反复颠覆中层层递进，引发受众进行多维度的思考与探索。

福田繁雄的系列招贴作品，堪称运用图底反转进行创意表达的典范。在他设计的一则京王百货广告中，男女两条腿的形象在黑白平面间若隐若现。当视线落在黑色区域时，修长的女腿跃然而出，高跟鞋隐约可见；但当将注意力转移到白色地带时，男人西裤下的双腿又赫然在目（图7-22）。图与底在此消彼长中不断反转，一张招贴竟衍生出两幅情境，令人莞尔。

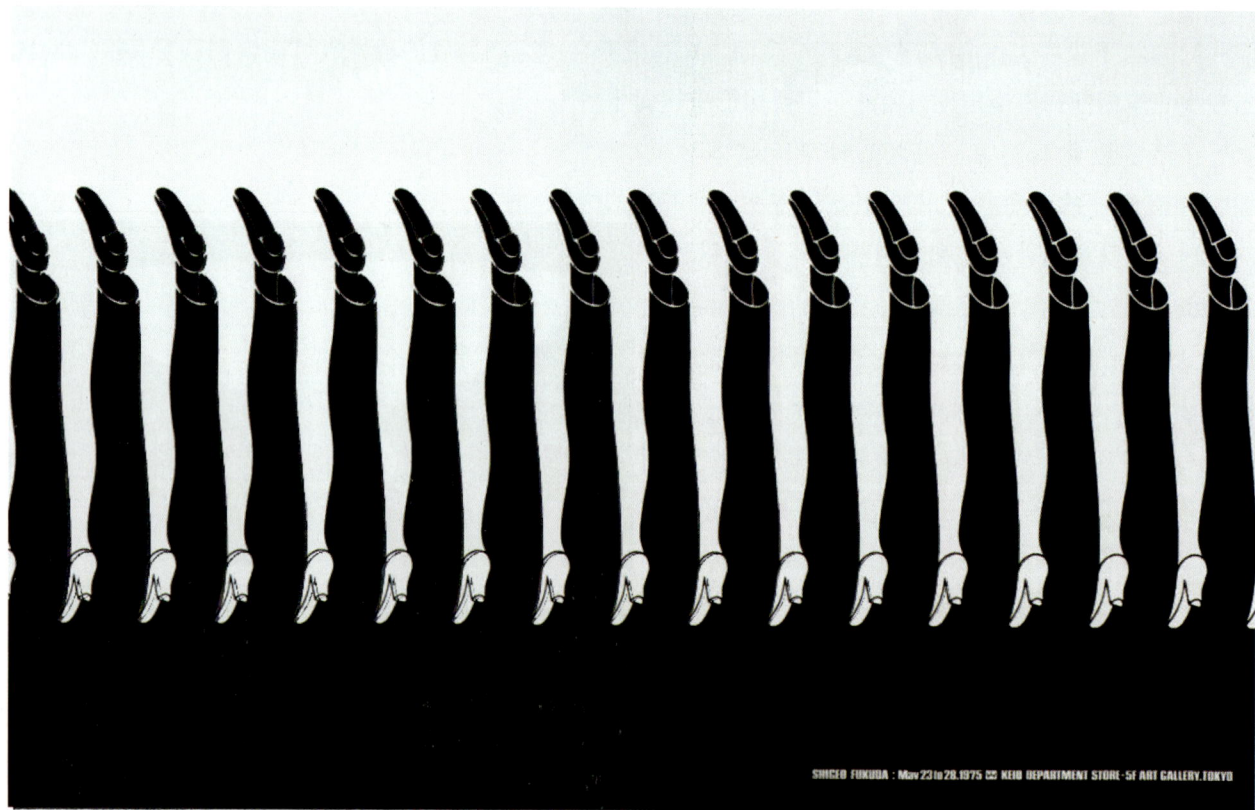

图7-22　福田繁雄设计的京王百货广告（图片来源：https：//www.baidu.com/）

这种利用正负图形完成意义嬗变的创意表达，不仅大大提升了视觉冲击力，而且借助对比反差烘托了主题，引发了受众探索画面语义的欲望，令广告主旨在潜移默化中得以传达。福田繁雄运用正负图形表现服装之美、渲染时尚氛围的匠心独具，在简练的黑白语汇中开启了意蕴无穷的想象空间，堪称经典。

（2）放射状图底反转

正负关系的转换还可以沿一定轴心放射开来，营造出更加立体、更加动感的视觉张力。以福田繁雄的另一经典作品《咖啡馆》为例，画面以一双端杯的手为母题，经过夸张变形，在黑白平面间营造出旋转放射的动态感。双手与咖啡杯的正负形态沿中心旋转，整个画面在环环相扣中不断开启新的解读维度，既突出了咖啡主题，更以螺旋上升的趣味吸引了人们的目光，令人赏心悦目。

在《咖啡馆》中，正负图形呈放射状展开，平添了几何图形的动感韵律，也进一步拓展了画面空间的纵深感（图7-23）。随着视线在画面中的游走，正负形态不断反转出新的意象内涵，实现了形式语言的自我更新。这不禁让人联想到万花筒变幻的视觉奇景，而这正是福田繁雄以正负关系重构图像语义、升华广告主题的匠心所在。

（3）水平交错式反转

在另一类正负图形的广告创意中，广告创意者着眼于图形与底色在横向空间的交错重组。通过巧妙分割画幅，让截然不同的色块、线条产生连接与对话，进而营造丰富的意象悬念。

仍以福田繁雄的代表作为例，在一张颇具传奇色彩的女性形象海报中，福田繁雄以水平线将画面一分为二，上半部分呈现女性面部特征，下半部分则聚焦胴体曲线（图7-24）。但在正负图形的精心设计下，上下两个部分又在视觉的交错重叠中发生连接，女性身姿在断裂与组合的韵律中若隐若现，独具神韵。

水平分割带来的断裂感，似乎预示着女性形象的割裂、身份的不确定，引发了一种悬念感与不安感。但分割造成的负形空间，又在横向延展中实现重组、在并置共构中彰显和谐，将人物形象重新整合于一体。整个画面在矛盾共生的张力中得以升华，更能引发观众对女性困境的多维思考。

7.5.2　正负图形的视觉效果与传播优势

（1）拓展意义阐释，升华广告主题

正负图形以平面设计的语汇，开启了一个充满悖论却又趣味盎然的意象世界。在看似矛盾的图底转换中，在貌似对立的形态并置里，蕴藏着丰富的情境空间和话语可能，常常能给受众以"柳暗花明又一村"的惊喜感受。由此，正负关系的反复博弈不仅大大强

图7-23　福田繁雄设计的《咖啡馆》广告
（图片来源：https：//www.baidu.com/）

图7-24　福田繁雄设计的女性形象海报
（图片来源：https：//www.baidu.com/）

化了画面张力，更成为拓展意义阐释、升华广告主题的重要路径。

（2）简约而不失深度

正负图形以简约而不简单的视觉语汇，实现了高效而出色的信息传达。创意者以图底关系的巧妙处理，将丰富的内涵浓缩于方寸之间；以黑白色块的精准配置，将纷繁的意象凝结成简洁的符号。这种化繁为简的表现策略，既契合了当代受众的审美趣味，又能在信息过载的语境下脱颖而出，可谓简约而不失深度，洗练而富于内涵。

（3）引发思想共鸣，使品牌形象深入人心

正负图形以悖论式的创意构思，极大激发了受众参与的热情。当一个个不确定、模棱两可的意象悬念跃然纸上，一个个似是而非、若即若离的图像矛盾呈现眼前时，受众的好奇心被激发，探索画面语义的欲望被充分点燃。由此，正负关系营造的丰富阅读空间，不仅促使受众积极入戏，更在互动阐释中引发思想共鸣，使品牌形象深入人心。

（4）彰显品牌创新活力，重塑品牌独特内涵

正负图形的视错觉效应，还能在潜移默化中塑造差异化的品牌个性。当一个个原本熟悉的事物以陌生的面貌示人，一个个习以为常的逻辑在新奇关联中被颠覆时，品牌形象便在这出人意料的创意表达中平添了独特的韵味。由此，在同质化竞争日益激烈的语境下，正负图形成为彰显品牌创新活力、重塑品牌独特内涵的利器。

正负图形设计以图底转换的独特张力，为广告创意注入了无限活力。它以悖论式的构思开拓想象，以简约而丰富的语汇凝练主题，以开放多元的意象引发互动与共鸣，赋予品牌形象前所未有的感染力，为商业传播开辟出一条崭新的路径。

7.6　矛盾空间表现形式

矛盾空间法

7.6.1　矛盾空间的概念与视觉悖论

在视觉艺术的殿堂中，矛盾空间是一个魅力无穷的话题。它打破常规思维的藩篱，颠覆寻常空间的逻辑，以悖论式的视觉张力，构建了一个充满想象力的第三空间。在这里，现实与虚幻交织，真实与梦境互换，刹那即永恒，有限即无限。作为艺术家自由驰骋的心灵乐园，矛盾空间不仅拓展了视觉表现的范围，而且开启了一扇通往超现实世界的心灵之窗。

矛盾空间是指在二维平面的有限空间中，利用视错觉原理，塑造出一个悖于常识、不可能存在于现实的三维空间。在这个貌似荒谬的空间里，视线所及之处充满矛盾冲突，楼梯可以不断向上却又回到原点，水流可以悬停半空而不下坠，天空与大地可以颠倒而不改变位置，杂乱无章的肌理与精巧严谨的构图和谐共生，怪诞夸张的形态与细腻入微的质感浑然一体。

在荷兰版画大师埃舍尔的代表作《瀑布》（图7—25）中，我们便可欣赏矛盾空间的独特魅力。画面

以一座不可能存在的建筑为舞台，展现了一个自相矛盾的空间悖论：白色的水流沿着阶梯缓缓流下，在重力作用下推动水车旋转，继而汇入水渠，沿阶梯再次向上流动，周而复始，形成一个永不停歇的循环。经验告诉我们，水不可能违背重力、逆流而上，然而，埃舍尔的想象力打破了这一定律。借助视错觉的奇妙效应，他构建了一个悖论式的永动机，令人目眩神迷。这种超越现实、挑战逻辑的空间构思，正是矛盾空间的生动体现。

荷兰图形学家布鲁诺·恩斯特将这种悖论式的形式语言称为不可能图形。他指出，矛盾空间中充斥着种种不可能，不可能的立方体、不可能的三角形、不可能的阶梯，这些自相矛盾的图形，看似符合透视原理，实则暗藏视觉陷阱。它们时而以片段的形式呈现，时而以整体的形式展开，时而在二维与三维的夹缝中游走，制造出一个无法用语言描述的不可能世界。

图7-25 埃舍尔的《瀑布》
（图片来源：https://www.baidu.com/）

矛盾空间以视错觉为翅膀，在理性与感性的撞击中展翅翱翔。它挣脱了经验图式的桎梏，解放了纯粹理性的束缚，在真实与虚幻的缝隙间自由穿梭，上演着一场场悖论盛宴。

7.6.2 埃舍尔与矛盾空间艺术的开创

提到矛盾空间艺术，就不得不提到荷兰版画大师埃舍尔。作为矛盾空间创作的开拓者和集大成者，埃舍尔以独特的艺术视角和精湛的版画技艺，构建了一个个不可思议的视觉悖论，开创了图形艺术的全新境界。他的作品以精准的几何结构、奇幻的意象组合、悖谬的空间逻辑，挑战着人们固有的空间认知，开启了一扇通往不可能世界的大门。

埃舍尔于1898年出生于荷兰莱瓦顿，自幼便表现出了对数学和绘画的双重兴趣。1919年，他入读哈勒姆的建筑与装饰艺术学校，开始接受专业的艺术教育。在校期间，埃舍尔学习了木刻版画、石版画、铜版画等多种版画技法，为日后的创作打下了坚实的基础。进入创作高峰期之后，矛盾空间题材的作品大量涌现，一个个令人眼花缭乱的不可能世界在他的笔下徐徐展开。这一时期，埃舍尔的艺术风格日臻成熟，数学的逻辑性与艺术的想象力相互交融，几何分割与有机形态相得益彰，现实空间与幻想意象不分彼此。

（1）数理逻辑融入艺术创作

他开创性地将数理逻辑融入艺术创作，极大地拓展了视觉艺术的表现范围。埃舍尔酷爱数学，尤其钟情几何学。在他的创作中，各类几何元素无处不在：万花筒般的分形重复、精准的对称与自相似、周而复始的循环结构，借助数学的力量。埃舍尔将看似杂乱无章的悖论图景组织得井然有序，又在严丝合缝的逻辑结构中，释放想象的无穷魅力。由此，理性之美与诗性想象达成了完美融合，矛盾空间的独特魅力得以彰显。

以埃舍尔的《圆的极限》系列版画为例（图7-26）。作品以一个个同心圆为基底，圆内密布重复的几何图案。从圆心到圆周，图案愈加细密，愈加扭曲，仿佛要将观众的视线引入一个永无止境的漩涡。数学的逻辑感与超现实的想象力在此交相辉映。在精准计算的基础上，埃舍尔构建起了一个令人眼花缭乱的视觉盛宴，开启了一段无休无止的心灵之旅。

图7-26　埃舍尔《圆的极限》系列版画（图片来源：https://www.baidu.com/）

（2）悖论式的空间悬念

埃舍尔善于利用视错觉原理，制造悖论式的空间悬念，为图像阐释开辟了全新的维度。他的许多作品常常以不可能的立体图形为载体，将矛盾冲突、悖论反常等概念形象化，继而引发观众对真实与虚幻、有限与无限的深入思考。由此，埃舍尔实现了从现实空间到观念空间的跨越，矛盾空间也因思想内涵的注入而更显厚重。

埃舍尔的版画《上行和下行》便是一例（图7-27）。画面以一座矛盾的楼梯为中心，楼梯形态酷似著名的彭罗斯三角形，表面上遵循透视规律，实则暗藏视觉陷阱。一队修士沿台阶向上走，另一队修士则沿台阶向下，二者竟神奇地衔接起来，周而复始，形成一个悖论循环。这座不可能的永动楼梯，寓示着人生的种种悖论：曲径通幽处，豁然开朗时，前路却又是迷雾重重。在机理严谨的视错觉背后，是埃舍尔对生命本质的哲学思考。

（3）观察视角的多元转换

埃舍尔创造性地实现了观察视角的多元转换，使二维平面的矛盾空间焕发出前所未有的立体感。在他的笔下，空间不再是一成不变的，观众的视点随时可能发生置换，同一画面竟呈现出截然不

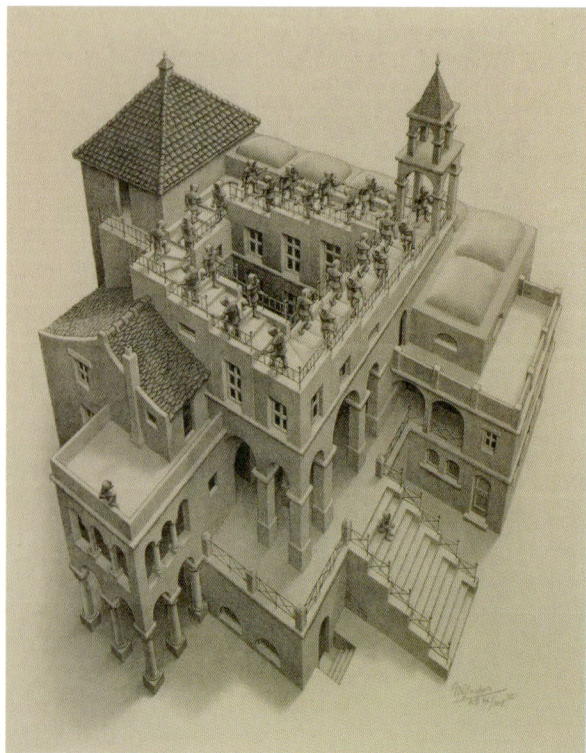

图7-27　埃舍尔《上行和下行》版画
（图片来源：https://www.baidu.com/）

同的意象。透过这种视角的多元流动，埃舍尔令矛盾空间的张力得以最大化释放，令画面寓意有了更为开放的解读空间。

埃舍尔的代表作《相对性》（图7－28），巧妙运用了多视点表现手法。画面以错综复杂的几何体为舞台，展现了一个离奇的矛盾世界：楼梯、门廊、平台等建筑元素，在不同角度的观察下呈现出不同的空间关系。同一个楼梯，竟成了向上、向下、横向三个截然不同的方向；同一个门廊，却通往天南海北、截然相反的入口。微妙的视角变换，使空间秩序不断重构，真实与虚幻在此交织，确定与无常于此共生。这不禁令人联想起相对论的哲学内涵。

图7-28 埃舍尔的代表作《相对性》
（图片来源：https：//www.baidu.com/）

（4）矛盾空间的塑造表达人文关怀

埃舍尔借助矛盾空间的塑造，表达了诸多人文关怀，为图像叙事开辟了广阔的疆域。在他的笔下，矛盾空间往往成为映射人性困境、表达心灵悸动的隐喻载体。物我交融、虚实互换的悖论景观，寄寓着艺术家对生命意义的终极思考，对人类命运的深沉慨叹。由此，埃舍尔以哲人般的视角审视人世百态，以诗人般的情怀抒写心灵绮梦，矛盾空间遂成为承载人文情怀的心灵家园。

埃舍尔的《画家的手》（图7－29），饶有意味地表达了艺术创作的诸多矛盾。画面以一双手为主角，左手执笔在画纸上勾勒右手，右手则从画面中跃然纸上，反过来描绘左手。整个构图形成一个周而复始的悖论循环，现实之手与想象之手相互交织，彼此塑造。这双不可能之手，似在提问：是手创造了艺术？还是艺术塑造了手？创作主体与对象孰真孰幻？现实与艺术又该如何界定？如此种种，不禁引发人们对创作本质、艺术生命的深入思考。

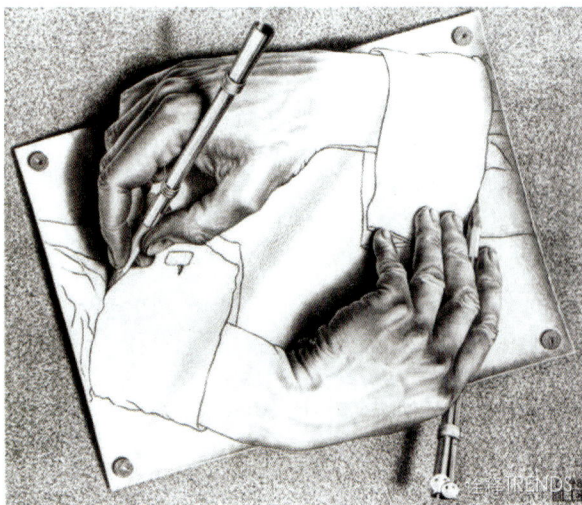

图7-29 埃舍尔的《画家的手》
（图片来源：https：//www.baidu.com/）

再如埃舍尔的《变形昆虫》（图7－30），以离奇的图像隐喻表达了生命轮回的永恒主题。画面从左侧的立方体出发，渐次过渡为六边形、三角形等抽象图案，继而化作蜜蜂、甲虫等昆虫形态。

图7-30 埃舍尔的《变形昆虫》
（图片来源：https：//www.baidu.com/）

在这个不可思议的矛盾空间里，几何抽象与具象形态神奇地交融为一体，人工秩序与自然生命和谐共生。生命形态在几何图案中流动、演化，宛如永不停歇的乐章，昭示着生生不息的宇宙法则，亦寓示着人生的百态流转。于是，看似荒诞、不可理喻的矛盾空间，竟成为映照人间冷暖的明镜。

7.6.3　矛盾空间在当代广告设计中的应用

随着创意成为广告传播的核心要素，越来越多的广告创意者开始尝试利用视觉悖论，构建独特的矛盾空间，以达到出奇制胜、打动人心的创意效果。在他们巧妙的构思下，埃舍尔开创的不可能世界神奇地融入品牌表达，引领受众开启一段奇妙的心智旅程，在惊奇、疑惑、顿悟的体验中，对品牌形象建立独特的认知。由此，矛盾空间在当代广告创意中大放异彩，业已成为屡试不爽的制胜法宝。

（1）多种空间知觉并存

在埃舍尔的诸多矛盾空间作品中，常常可见多重视角、多维空间的交织并存。在同一画面内，近景与远景、局部与整体、微观与宏观神奇地融为一体，观众的视点随之出现频繁切换、自由流动，在变幻莫测中感受空间的无限可能。受埃舍尔作品的启发，当代广告设计也常运用这种表现手法，在多维空间的碰撞中，释放品牌内涵的丰富意蕴。

美国著名巧克力品牌好时曾在平面广告中巧妙运用了多维空间的表现手法（图7-31）。广告以特写镜头呈现巧克力的诱人质地，让观众仿佛置身于巧克力的微观世界。同时，广告又以小女孩手持巧克力的背影，构建了一个现实生活的空间维度。观众视线随着巧克力的质感在微观世界中穿梭流连，又不时被拉回现实情境。巧克力的醇厚诱惑与品牌温情的现实内涵精妙融合，多重空间感受交织共生，品牌体验更显丰富立体。

图7-31　好时巧克力广告巧妙运用多维空间表现手法（图片来源：AIGC生成）

再如德国奔驰汽车的一则户外广告（图7-32），以多维空间的视错觉效果，彰显了跑车卓越的性能体验。广告以逼真的视觉手法，将奔驰跑车内部结构与外部线条巧妙融为一体。由此，观众的视线时而聚焦局部，审视内部结构的精密设计；时而环顾全局，欣赏外形线条的动感张力。微观结构的严谨细腻与整体形态的时尚洒脱，内部空间的舒适体验与外部空间的速度激情，皆在多维空间的交织并存中得以彰显，由内而外全方位诠释了品牌的尖端科技与完美驾驭。

图7-32 奔驰汽车广告巧妙运用多维空间表现手法（图片来源：AIGC生成）

可见，多维空间的创意表达能在一个画面内容纳丰富的信息，引领受众在不同空间维度间自由穿梭、感同身受。品牌内涵与产品魅力也在空间互动的体验中达成创意融合，使品牌认知更加饱满、立体。

（2）错位空间的连接

埃舍尔的矛盾空间，常以视错觉制造悖论景观，在表面合理的空间肌理下暗藏陷阱。看似循规蹈矩的透视关系、貌似天衣无缝的空间衔接，实则另有玄机，观众稍不留神便会迷失方向。这种错位空间的表现，为当代广告设计提供了独特的灵感。广告创意者常在一个看似合理的空间中制造悖论景观，借不可能冲击受众感官，引发思考与联想。

瑞典著名家居品牌IKEA（宜家家居）在一则极具创意的平面广告（图7-33）中，巧妙运用了错位空间的表现手法。广告以简约的矢量图呈现出一个房间的情景，家具陈设简洁有序，空间布

图7-33 宜家家居广告巧妙运用错位空间的表现手法
（图片来源：AIGC生成）

图7-34　斯巴鲁汽车广告运用错位空间的创意表达
（图片来源：https://www.163.com/dy/article/
DFK6GTL50527A9DR.html）

局看似合理。但仔细观察会发现，整个房间暗藏诸多矛盾：左侧窗外的光线与右侧窗外的景色相互冲突，中央地面的纹理也与周围的肌理格格不入，看似统一的空间秩序实则暗藏玄机，观众不禁为这个不可能的房间陈设感到惊叹。如此匪夷所思的矛盾空间，正是广告创意者匠心独具的成果，旨在启发消费者打破思维定式，尽情释放家居创意，打造独一无二的生活空间。

斯巴鲁汽车的一则户外广告（图7-34），以错位空间的创意表达，突出品牌卓越的驾控性能。广告以逼真的视觉效果，营造了一个蜿蜒曲折的山路情景。观众视线随着道路前行，却不期然发现：前方道路竟神奇地从侧面飞了出去，形成了一个不可能的垂直回环。如此不可思议的错位空间，隐喻品牌非凡的操控感受：驾驶斯巴鲁汽车，无论路况如何复杂，都能从容掌控全局，感受酣畅淋漓的驾驶乐趣。错位的空间结构，成为突出品牌价值的神来之笔。

由此可见，错位空间的创意表达往往能跳脱现实逻辑的束缚，在貌似荒诞的画面中传递独特的寓意。悖论式的空间设计既能震撼人心、引发思考，又能在潜移默化中深化品牌印象。

（3）虚实空间的混合

埃舍尔的矛盾空间，常以虚实辩证的表现手法，模糊现实与幻想的边界，构筑充满悬念的意象世界。现实空间与想象空间神奇融合，观众在虚实交错中穿梭往复，时而为现实情境感动，时而为想象图景悸动。借鉴这一灵感，当代广告创意也常在虚实空间的融合中，让品牌内涵跃然纸上、充盈心间。

可口可乐的一则圣诞主题平面广告（图7-35），以虚实空间的巧妙融合，展现了其温情的节日形象。广告构图简洁而富有张力，以白色背景勾勒出一个装满可乐的经典瓶型。然而，瓶中竟飘落无数晶莹的雪花，在红色的可乐映衬下分外梦幻。虚实两个空间维度在此交织共生：真实的瓶型赋予品牌鲜明的视觉符号，虚幻的飘雪意象则营造出节日的浪漫氛围。如此虚实交融的矛盾空间，令可口可乐的温情内涵跃然纸上，也为品牌注入了梦幻浪漫的节日气息。

另一个精彩案例是世界自然基金会（WWF）的公益广告（图7-36），以虚实空间的交错重叠，形象而深刻地呼吁加强环保意识。广告以一只北极熊为视觉中心，巧妙融合摄影与图形创意。北极熊栩栩如生的形体源自真实的摄影，但身体局部却溶解成无数像素状的冰块，融入虚幻的意象空间。现实空间中的真实形象，竟在虚拟空间的渲染下逐渐消融，令人不禁想到气候变暖对极地物种的威胁。如此虚实辩证的矛盾空间，既直观形象地再现了生态危机，又生动传递了环保主题，引发了观众的强烈共鸣。

图7-35　可口可乐圣诞主题平面广告错位空间创意的表达（图片来源：AIGC生成）

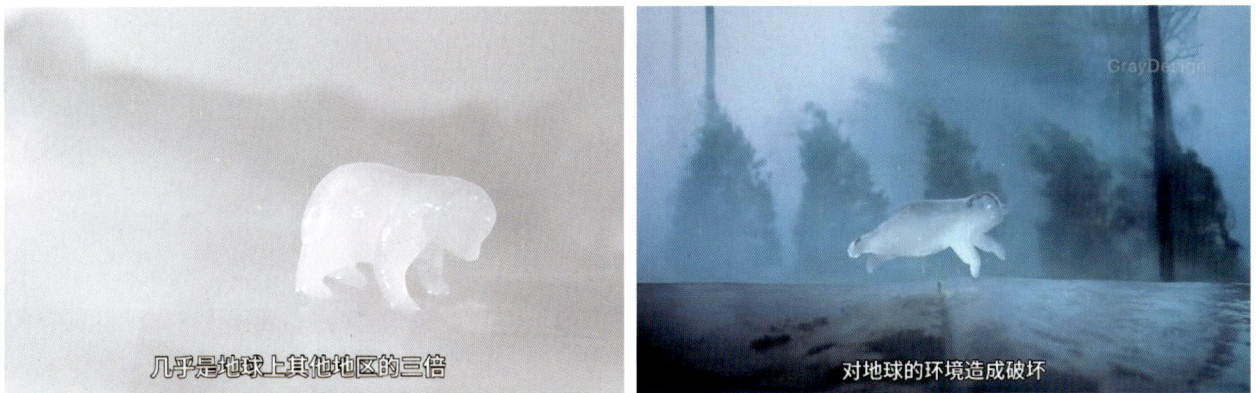

图7-36　世界自然基金会（WWF）的公益广告错位空间创意的表达（图片来源：https：//huaban.com/）

7.6.4　矛盾空间的视觉效果与传播优势

无论是惊世骇俗的视觉悖论，还是出人意料的空间重构，矛盾空间都在寻常的方寸间演绎着想象力的奇幻乐章。而这种不同凡响的视觉体验，正是矛盾空间彰显传播优势的关键所在。

（1）具有强大的张力和穿透力

矛盾空间以反常规的视觉逻辑，为广告创意注入了强大的张力和穿透力。在信息时代，受众的注意力愈发珍贵而难以捕获。恪守常规思路的广告表现，往往难以平地惊雷、出奇制胜。矛盾空间则不然。它以看似不可思议的悖论画面，在一瞬间击中受众的感官，引爆惊奇、好奇、疑惑等情绪体验，牢牢吸引受众的注意力。天马行空的创意构思，既令人过目难忘，又能有效突围媒体环境的嘈杂，达到一览无

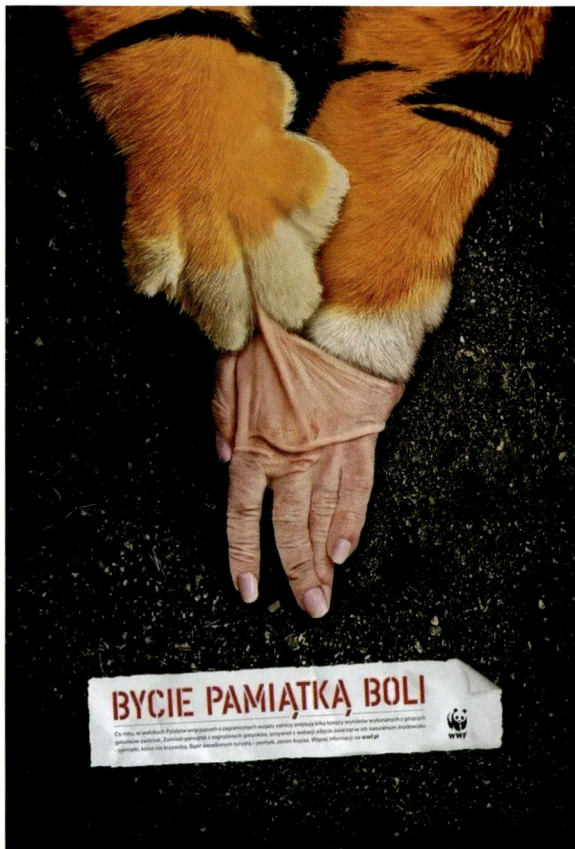

图7-37　世界自然基金会（WWF）
保护濒危物种的公益广告
（图片来源：https：//huaban.com/）

余的传播效果。

以图7-37世界自然基金会（WWF）的公益广告为例。广告创意者以露骨而直击人心的矛盾景观，再现了一个触目惊心的现实：广告视觉中心赫然出现一只人手，却反常地被两只虎爪穿戴，成为老虎的外衣。在常人眼中不可思议的空间悖论，隐喻着动物不得不披上人类外衣保护自己的残酷命运。如此不留余地的视觉冲击，既震撼人心，又发人深省，让保护濒危物种的主题深入人心。诚然，没有矛盾空间的加持，这则公益广告的表现力与穿透力将难以达到如此高度。

（2）拓展广告表达的意义空间

矛盾空间能有效拓展广告表达的意义空间，赋予商业诉求更加丰富、更加出色的内涵。一个出彩的广告，绝不止步于产品特性的罗列宣传，而是在创意表达中彰显品牌的文化内核。然而，纵观诸多案例不难发现，单纯借助写实手法，要在狭小的广告版面内容纳丰富的意蕴谈何容易。矛盾空间的加持，如同打开了通往隐喻和象征的大门。广告创意者得以跳脱字面意义的限制，用极富张力的悖论画面，自由激活、衍生新的意义指向，进而升华广告的主题。由此，有限的符号表意，竟在无限的创意联想中焕发异彩。

图7-38拼多多的户外广告，以虚实交错的矛盾空间，生动塑造了品牌的独特形象。画面以丰富多彩的实物特写营造产品氛围，琳琅满目的商品仿佛触手可及。但细看之下，实物竟悬浮于虚幻的几何空间

图7-38　运用矛盾空间的拼多多广告（图片来源：AIGC生成）

之上，现实感与梦幻感在此交织，营造出让人心驰神往的理想生活。如此巧妙的矛盾空间，既直观传达了物美价廉的产品诉求，更隐喻性地彰显了品牌的美好愿景和独特个性。单纯的产品罗列，在虚实交错的画面中幻化出诗意盎然的艺术表达，令人拍案叫绝。

（3）增强广告的互动性与趣味性

矛盾空间常以图像悖论引发受众参与，增强广告的互动性与趣味性，从而提升广告的体验感。埃舍尔曾说过："我总想创作一些能引发人们积极探索的作品，我要他们在惊叹之余，被一种探索未知的兴奋之情所鼓舞。"当一个悖论式的不可能图像跃然纸上，受众的好奇心被瞬间点燃。人们不由自主地在画面中探寻各种视觉线索，试图解开这个不可思议的谜题。在主动探索的过程中，人们对品牌传播内容的记忆与理解必然更加深入，体验感与参与感也随之提升。由是，看似不经之谈的视觉游戏，竟成为吸引受众、强化传播的助推器。

以图7-39宜家家居的平面广告为例。广告以抽象的几何图形拼合出一个极富设计感的家居空间，看似简约统一的构图，竟暗藏无数的视觉悖论：左右两侧窗景明明处于同一空间，呈现的却是截然不同的室外风光；墙面与地面本应垂直相交，连接处却呈现出不可思议的空间扭曲，如此匪夷所思的矛盾空间，令人迷惑的同时更激发了探索的热情。受众在主动梳理、领会视觉悖论的过程中，潜移默化地接受了打破思维定式，尽享家居创意的品牌主张。由此，宜家广告的参与感和趣味性得以提升，广告体验也更显丰富立体。

图7-39　运用矛盾空间的宜家家居广告（图片来源：AIGC生成）

（4）广告传播的利器

矛盾空间以独特的创意张力、丰富的意义指向、趣味横生的互动体验，成为广告传播的利器。它犹如一剂特效良方，能从容破解当代广告创意的种种困局，为品牌与受众构建起一座沟通心灵的桥梁。在感性与理性的交织中，在震撼与顿悟的交替里，品牌内涵被赋予了更加鲜活的生命力，广告诉求也在悖论式的碰撞中熠熠生辉。

（5）全新的广告传播理念

矛盾空间昭示着一种全新的广告传播理念。在后现代语境下，随着传播环境的嘈杂化、受众心理的多元化，单向说教式的广告话语正日渐失去效力。取而代之的，是更加开放、更加互动的传播范式。广告不再是品牌的独角戏，更应成为品牌与受众共同参与的心灵对话。因此，如何创造更多元、更出位的表达方式，如何为受众参与创造空间，成为摆在广告人面前的问题。

矛盾空间以悖论式的视觉张力，在惊奇和疑惑中吸引受众主动参与，在发人深省中引发情感共鸣，最终在互动对话中实现从卖产品到卖观念的转变。受众不再是被动灌输的对象，而是被创意激活、唤醒的参与者。品牌传播也因互动体验的融入而更显亲和力。可以说，矛盾空间正引领广告走向共创时代，开启品牌与受众交流互动的崭新路径。

7.7　情感表现法

情感表现法

7.7.1　情感诉求的内涵与价值

俗话说：广告如人。一个出色的广告，不仅要晓之以理，还要动之以情。前者诉诸受众理性，如产品特性、促销信息等，旨在告知说服；后者则诉诸受众感性，以情感体验打动心灵，从而唤起共鸣。在当今的广告创意实践中，情感诉求已然成为一种不可或缺的表现范式，与理性诉求并驾齐驱，相辅相成。

（1）广告诉求的理性与感性之辨

广告的首要目的在于传递信息，说服受众，最终实现营销目标。为此，广告创意常常面临两种诉求路径的选择：理性，抑或感性？

所谓理性诉求，即以事实论证的方式，通过逻辑说理打动受众的思维。具体到创意表现方面，即通过罗列产品卖点、展示品牌实力和传递促销信息等，力求以理服人。理性诉求强调内容的真实性、说服力，广告语言通常简洁直白、有理有据。例如，当年联想电脑的不差钱广告（图7-40），以大企业形象为依托，生动阐释了优质的售后服务，从而赢得消费者信赖。如此直击人心的诉求，正是表达理性诉求广告的典范。

与理性诉求不同，感性诉求更看重情感体验的塑造。它以情感为纽带联通人心，力求以情动人。在创意表现方面，感性诉求通常通过讲故

图7-40　表达理性诉求的联想广告
（图片来源：https://weibo.com）

事、塑意境等艺术手法，在潜移默化中以情动人。例如，海飞丝结合产品和父亲节的内涵，提炼出"老爸的爱也太秃然了吧"的主题发布节日广告，直击父亲为爱秃头的场景，既搞笑又感人，以此传递"别让老爸为爱秃头"的节日营销理念。如此感人至深的表达，正是感性诉求的生动写照。

理性与感性并非泾渭分明的对立面，在现实的广告创意中，二者往往交织共生。许多优秀的广告在理性论证的基础上，辅以感性色彩，从而收到1+1>2的传播效果。例如农夫山泉长白雪矿泉水广告，既以数据直击人心，又以动人场景娓娓道来，在理性与感性的交织中震撼人心（图7-41）。由此可见，理性与感性诉求实为一枚硬币的两面，相辅相成，缺一不可。

图7-41 农夫山泉长白雪矿泉水广告（图片来源：https://www.nongfuspring.com/）

（2）情感诉求对理性诉求的补充与提升

尽管理性诉求在广告创意中不可或缺，但在当今信息过载的传播语境下，其局限性也日益凸显。单纯罗列产品卖点，难免流于呆板乏味；冷冰冰的说教论证，更是容易引起受众反感。反观情感诉求，却能轻松化解这些困局。

第一，情感诉求能有效弥补理性表达的不足。在理性面前，情感总能轻松跨越思维的藩篱，直抵人心。即便是再晦涩的产品信息、再高冷的品牌内涵，也能借由情感体验娓娓道来，变得平易近人、易于接纳。以公益广告为例，晦涩的法律条文若想深入人心，往往需要感性包装的加持。酒驾入刑公益广告便是一例，它以一段荡气回肠的悲情故事，让人们真切感受到酒驾的危害，避免了说教的尴尬，收到了良好的传播效果。

第二，情感诉求还能极大地提升理性内容的感染力、渗透力。若没有感性元素的融入，产品卖点再突出，也难以共情；品牌理念再高大上，恐怕也与人心无缘。然而，巧妙植入情感诉求，如以感人的故事串联论证、以悦目的画面渲染意境，则能轻松化解这一尴尬，让枯燥的广告内容生动起来。例如2016年二孩政策的公益广告，在理性的政策解读基础上，以一段段温馨的家庭小故事为点缀，令人倍感亲切，成功拉近了广告与受众的距离，可谓情感诉求的典范应用。

（3）情感诉求在广告创意表现中的重要地位

情感诉求已经成为当代广告创意的重要手段，广泛应用于各行业、各门类的广告表现中。究其原因，既有社会语境的推波助澜，也有受众心理的暗合呼应。

随着物质生活的极大丰富，人们对情感需求的渴望日益强烈。单纯的产品罗列、品牌说教，已然无法满足受众日渐多元、日趋个性的精神诉求。广告若想博得青睐，除了满足功利层面的需要，更要以丰沛的情感滋养受众的心田。例如，海尔兄弟广告以兄弟情深为依托，生动诠释品牌的服务理念（图7—42）；德芙巧克力广告以浪漫爱情为线索（图7—43），令品牌的内涵分外动人。由此，以情感为导向的创意表达，已成为业界的共识。

图7-42　海尔兄弟广告
（图片来源：花瓣网）

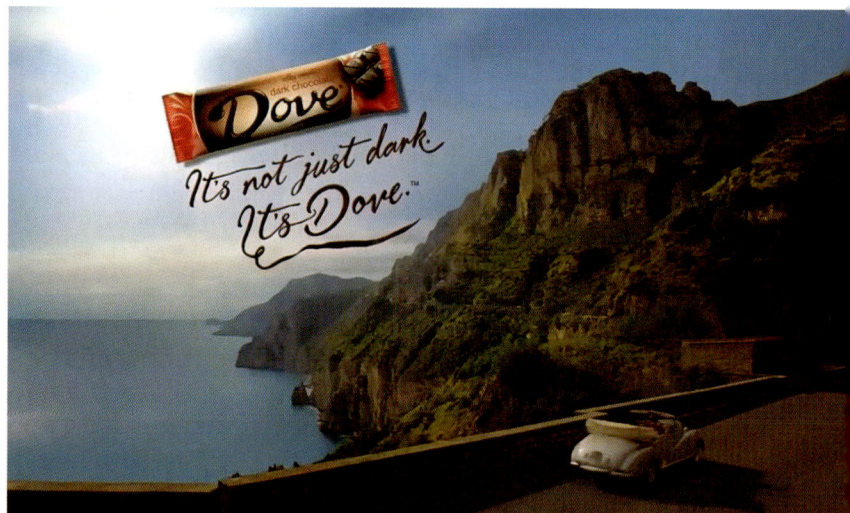

图7-43　德芙广告以浪漫爱情为线索
（图片来源：搜狐视频）

与此同时，情感诉求之所以大行其道，也源于其与受众心理的暗合。相较于理性诉求，情感因素更能直击人心，引发共鸣。有研究表明，蕴含丰沛情感的广告更容易被记忆、被传播。人的情感反应先于理性思考，且情绪记忆远比逻辑论证来得深刻。因而，借助情感体验的渲染，广告内容更容易被潜移默化地接纳，品牌形象也更容易被铭刻于心。可以说，情感诉求正是广告创意的万金油，能轻松打开受众心灵的大门。

事实上，从广告发展史来看，情感诉求的兴起可谓大势所趋。随着营销环境愈发复杂，单纯的理性说服愈发乏力，情感体验逐渐成为制胜法宝而备受青睐。美国商人艾尔莫·里维斯于1898年提出AIDA模型（图7—44）。吸引注意、维持兴趣、激发欲望及促成行动视被为广告的黄金法则，由此开启了以情感为核心的广告营销时代。此后，诸多研究证实了情感诉求对广告效果的积极影响。在我国，改革开放以来，随着市场经济的发展，情感诉求也

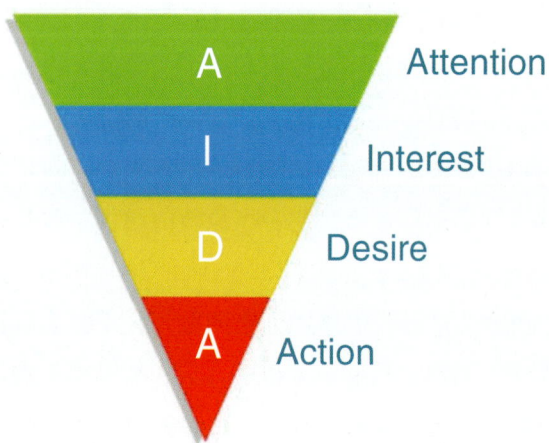

图7-44　AIDA模型
（图片来源：https://www.zhihu.com）

日益受到重视，成为广告学界探讨的热点话题。由此，情感已然成为贯穿广告始终的主线。

纵览当下，从可口可乐、麦当劳等国际品牌，到国内的华为、海尔等民族企业，无不将情感诉求视为广告创意的法宝。一个个感人至深的广告佳作层出不穷，令人如沐春风、热泪盈眶。其中不乏将情感诉求发挥到极致的经典作品，以小见大、以情动人，成为广告创意的典范。

例如，麦当劳2015年的平安夜广告（图7－45），以一段温馨的故事诉说亲情：女孩与父母因忙于工作聚少离多，只好约定每年平安夜在麦当劳欢聚。故事简单质朴，却令人感动。麦当劳巧妙借由亲情诉求，将品牌与温馨欢聚紧密相连，塑造出平易近人的形象，好评如潮。

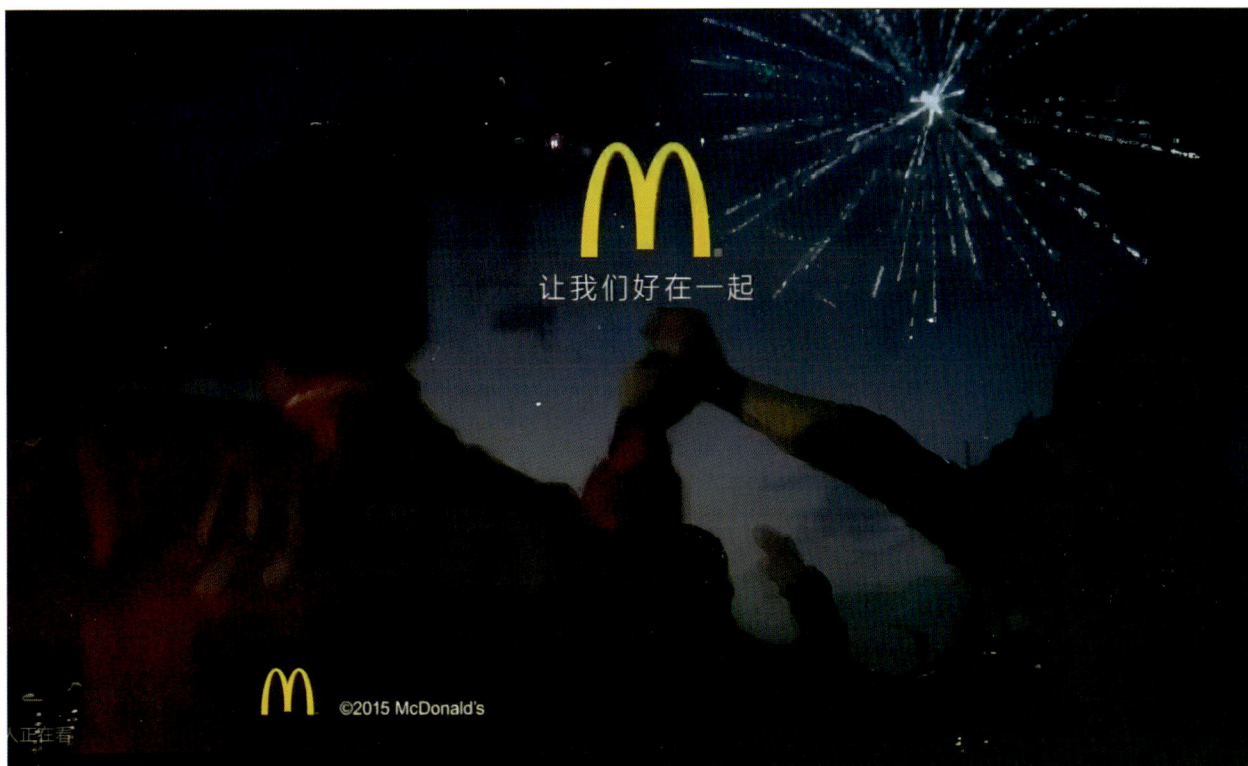

图7-45　麦当劳2015年的平安夜广告（图片来源：https：//pangjing.cn/mcdonald-ad-short-video-2015/）

由此可见，在当代广告创意中，情感诉求可谓异军突起，成为点睛之笔。它以无穷的魅力感染人心，成为沟通品牌形象、传播产品卖点的利器。情感诉求是广告传播的新引擎，是创意表现的新维度，是时代的必然选择。对此，每一位有理想、有担当的广告人，都应未雨绸缪，将情感诉求融入血脉，贯穿创意全程，方能不负使命，创造出无愧于这个时代的经典作品。

7.7.2　情感在广告传播中的心理机制

在广告创意实践中，巧妙运用情感诉求的首要前提是全面认识情感在广告传播中的心理机制。唯有洞悉人心，读懂情感的独特价值和运作规律，方能运用自如，创造出感人至深的优秀作品。

情感是人们对客观事物的一种主观态度和体验，渗透于人们行为的方方面面，广告创意也不例外。每一则广告都传递着特定的情绪，引发受众或积极或消极的情感体验。优秀的情感诉求广告，能轻而易举地牵动情绪，带来共情，进而转化为购买行为。下面将介绍情感在广告传播中的三大心理机制：信号作用、动力作用与移情作用。

（1）情感的信号作用：引导受众趋利避害

在心理学中，情感常被比作一盏指路明灯，时刻引导人们趋利避害。人的情感体验往往先于理性思考，当我们面对外界刺激时，情感能在瞬间发出信号，告诉我们是该接近还是逃避。例如，对危险事物产生恐惧会促使我们迅速避开；对有益事物萌生好感则会驱使我们主动接近。

广告创意同样能借助情感的信号功能，引导受众作出一定的判断。一则富有感染力的公益广告，能唤起人们对弱势群体的同情怜悯，进而施以援手；一则幽默诙谐的品牌广告，则能激发人们的好感，对品牌产生亲近之情。由此，利用情感信号巧妙引导，能在潜移默化中塑造品牌形象，影响受众态度。

以壹基金的公益广告为例（图7-46）。广告以几个简单的画面娓娓道来：地震发生时，母亲用生命为孩子筑起一道墙，令人动容。浓烈的母爱令人悲恸的同时，也引发受众对灾区儿童的怜悯之情。由此，广告巧妙利用情感信号，呼吁更多人伸出援手，帮助灾区儿童重建家园。

图7-46　壹基金的公益广告
（图片来源：https://www.163.com/dy/article/ILP4RTN80511HPU4.html）

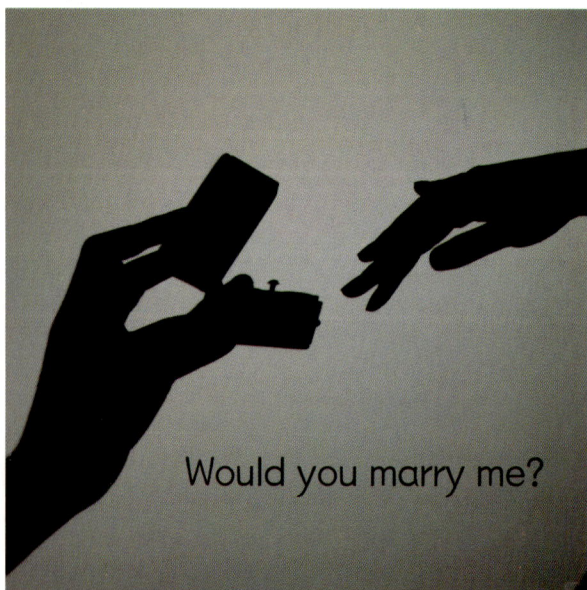

图7-47　某珠宝品牌的广告
（图片来源：https://www.baidu.com/）

（2）情感的动力作用：激发受众购买欲望

情感可以引导判断，更是驱动行为的强大动力。人们的许多行为，背后都有情感的驱使。例如，对某个品牌产生好感和信赖，往往会驱动人们去选购；对自我形象的憧憬，会促使人们追逐时尚。由此，情感在很大程度上主导着人们的消费动机和购买决策。

广告创意同样能利用情感的动力机制，激发受众的购买欲望。许多广告通过塑造美好的情感体验，在潜移默化中诱发受众的需求，令其不知不觉走进店铺，完成购买行为。例如珠宝首饰广告，常以爱情故事渲染氛围，令人向往爱的甜蜜，进而对珠宝产生购买冲动。如此看来，情感诉求正是撬动消费的关键杠杆。

以图7-47某珠宝品牌的广告为例，一对年轻恋人手牵手漫步，男孩突然单膝跪地，献上象征爱情的钻戒，令女孩喜极而泣。广告没有过多的说教，而是以动人的场景娓娓道来，令人向往爱情、憧憬幸福。由此，广告将美好情感与珠宝产品巧妙结合，激发受众感受美好爱情的欲望，进而刺激消费。正如罗兰·巴特所言：唯有情感，方能劝说和号召。

（3）情感的移情作用：实现情感体验的迁移

在心理学中，移情是指设身处地感受他人的思想情感。这种感同身受的能力，能让个体的情感体验迁移到他人身上。可以说，移情是人际交往的基础，也是广告传播的利器。优秀的情感诉求广告，常借助移情效应，令受众代入情境、感同身受，进而将美好的情感迁移到品牌形象上。

许多广告通过讲述动人的故事，塑造鲜明的人物形象，引发受众的情感投射与角色代入，继而实现情感体验的迁移。当人们接触到感人的亲情故事，会不由自主地联想到自己的亲人；当看到励志的奋斗历程，会反观自身的人生追求。如此移情体验，能拉近彼此的心理距离，使品牌形象更富亲和力。

以7or9高跟鞋的三八节广告"刚刚好"为例（图7-48）。短片通过四个"刚刚好"的例子，展示了幸运巧合背后的深层爱意和细心。例如，女儿能迅速找到妈妈，是因为妈妈考虑到了孩子的视角；同事的邀请、朋友的奔向、妈妈收到的礼物，都是因为他们对他人的需求和感受有细腻的洞察。这些"刚刚好"实际上是对他人的用心和爱的体现。由此，品牌7or9广告将人与人之间的感情应用于其产品广告设计中，关注女性的需求和感受，从细节处着手，力求每一款产品都能满足女性"刚刚好"的需求，传递品牌的爱意和用心。与品牌形象相融合，拉近了与消费者的心理距离。

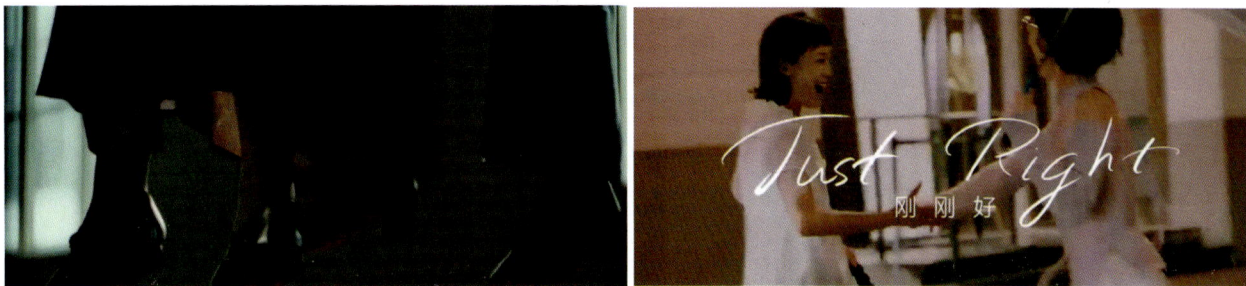

图7-48 7or9高跟鞋三八节广告"刚刚好"（图片来源：https：//www.digitaling.com/）

由此可见，情感诉求在广告传播中的重要作用。它能借助情感信号巧妙引导受众的态度，以情感动力激发消费冲动，更能通过移情效应唤起情感的共鸣。可以说，洞悉人心、把握情感，是广告创意必须掌握的基本功。唯有立足受众的情感需求，以同理心感知其喜怒哀乐，方能实现感人至深的情感诉求，赢得受众的青睐。

7.7.3 广告创意中的情感类型与表现

（1）亲情类广告的温馨诉求

亲情，是人世间最质朴、最温馨的情感。血脉相连、骨肉情深，亲情感召着每一个有心人。将这种朴实无华的情感运用到广告创意中，往往能收到润物无声、感人至深的效果。诸多品牌广告都曾尝试以亲情唤起共鸣，塑造温馨的品牌形象。

央视的亲情广告《妈妈的等待》通过一系列温馨的生活场景，展现了母爱的无私和伟大。孩子小时，妈妈一直在引领孩子成长、等待孩子成长。慢慢地孩子长大了，妈妈老去了，画面转变为妈妈在原地等待孩子回来。以"母亲等待"的视角展现母爱。这种以小见大、以情动人的表现，令人感动不已。而这种穿透心灵的力量，正是亲情的独特魅力。

类似的还有小米14 Ultra手机广告《没关系的爸爸》。该广告以定格动画的方式将用小米14 Ultra手机拍摄的父亲生活照呈现于众人眼前，同时对关键照片配上以孩子视角讲述的相关文字，表达了父亲的劳累及孩子的心疼。该广告运用情感营销，为产品注入了亲子之间的感情色彩，放大了感人催泪的营销点，从而引起了受众的共鸣。由此，该广告将亲情魅力与品牌理念水乳交融，赋予了小米手机更加丰满的情感内涵。

（2）爱情类广告的浪漫表达

爱情，是人世间最甜蜜、最令人向往的情感。它象征着美好，象征着希望。将爱情元素融入广告创意，往往通过营造浪漫氛围、塑造美好形象，吸引消费者的目光。尤其是针对年轻消费群体，爱情题材的广告更是屡试不爽，备受青睐。

可口可乐的《在公交站，结束单身》广告，便是将爱情诉求发挥得淋漓尽致的典范。广告讲述了可口可乐的情人节活动：在公交站台设立可口可乐的电子设备，等车的人可利用该设备与其他站台的人沟通交流，促进单身男女间的互动，从而擦出爱情的火花。整个故事青春洋溢，令人心动。广告巧妙地将美好的爱情与品牌活动融为一体，生动传递出可口可乐之于爱情的美好寓意。由此，广告在爱情的甜蜜氛围中塑造了浪漫迷人的品牌形象，激发了受众的美好向往，令人如沐爱河。

类似的还有DW手表的情人节广告（图7-49）。广告以"声纹传情"为切入点，将恋人之间最具特色的声纹与DW手表相结合，传递出"你的声音，是我最珍贵的礼物"的深情厚意。这种独特的情感表达方式，使得手表不仅是一件装饰品，更是恋人之间情感的载体，见证了他们的爱情故事。DW手表以大胆的爱情想象，营造出令人神往的美好氛围，传达出品牌高贵、浪漫的气质内涵。人们在对爱情的憧憬中，也对DW手表品牌产生了好感与信赖。由此，广告收获了广泛好评。

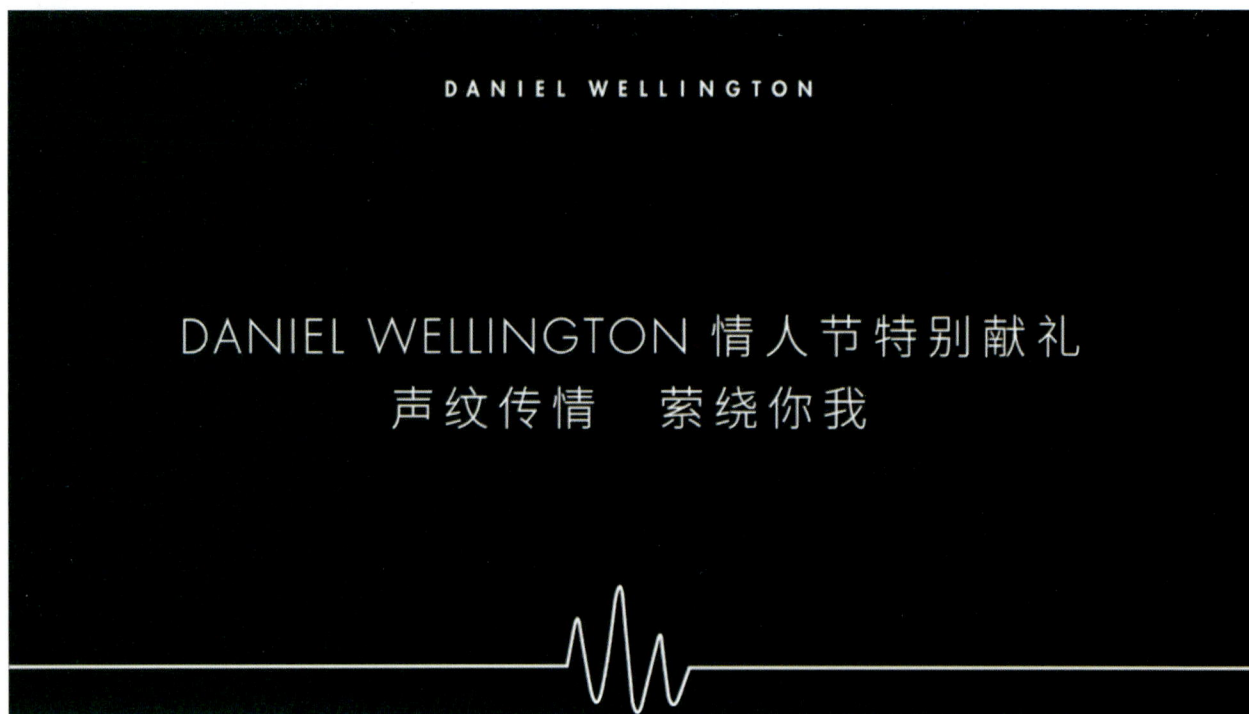

图7-49　DW手表情人节广告（图片来源：https://www.digitaling.com/）

由此可见，爱情诉求的广告创意的关键，在于捕捉恋爱过程中最令人怦然心动的时刻，再现爱情的美好。无论是浪漫的邂逅，还是甜蜜的约会，还是惊喜的求婚，都能成为创意灵感的源泉。同时，还需将爱情元素与产品特性、品牌内涵巧妙结合，或以爱情比喻产品，或以产品串联爱情，在浪漫氛围中彰显品牌魅力，方能做到寓情于景，情景交融。

（3）公益广告中的人文关怀

除了亲情、爱情等个体情感，当代广告中还蕴藏着公益广告中的人文关怀。环保、助学、扶贫、救灾等公益广告无不以博大的爱心，呼唤着人性中最善良、最无私的美德。这种充满理想主义色彩的崇高情感，往往最能撼动心灵，令人荡气回肠。

图7—50中国青少年发展基金会的希望工程公益广告，以朴实感人的笔触，诠释了人文关怀的至高意蕴。一个乡村女教师走过泥泞，风雨无阻只为支教；一群孩子齐声朗诵，眼神中满是对知识的渴望。广告没有过多修饰，只是以真挚的情感打动人心。正是教育的希望，托起了孩子们的未来；正是人道的光芒，温暖着每一个困境中的生命。广告发人深省，催人泪下，很多人在感动之余，都献出了爱心。由此，希望工程作为家喻户晓的公益品牌，在唤起善举的同时，也提升了整个社会的文明程度。

图7-50 希望工程公益广告（图片来源：https://www.digitaling.com/）

类似的还有海马体照相馆与腾讯公益慈善基金会一起制作的《138—××××—2274》公益广告。短片通过"忘记与记住"进行故事的延展，广告中患病的"康婆婆"的记忆常常转瞬即逝，这是阿尔茨海默病群体的生活常态。但特别的是，患病的"康婆婆"依旧能记住女儿的电话号码，更凸显出亲情的伟大。摄影师的第一视角让人容易代入，也使"用影像留住记忆"的主题更加明确。通过拍一段关于电话号码和记忆的故事，呼吁更多人共同关注海马体受损的阿尔茨海默病群体。

可以说，公益广告的制胜法宝，正在于唤起人性中最宝贵的爱心善举，彰显人文主义的崇高追求。这就需要从社会现实入手，聚焦最能打动人的公益话题，以真挚的情感娓娓道来。同时，还需发掘独特的视角，寻找创意切入点，在寓意深远中彰显艺术价值。如此，才能赋予广告的公益诉求以审美的力量，令其在感性体验中走进人心，在理性升华中发人深省。

（4）消极情感

谈到情感诉求，我们往往容易想到亲情、爱情等积极情感，却容易忽视还有一类消极情感广告，如悲伤、恐惧、愤怒等。消极情感诉求尽管在引起注意力上有一定效果，但往往容易引发争议，适得其反。因而在广告创意实践中，需要审慎对待，避免过度使用。

以中石化四川石油曾推出的加油站公益广告为例（图7-51）。广告大幅展示了车祸现场的惨烈画面，血淋淋的视觉冲击令人不寒而栗。虽然广告本意是提醒驾车安全，但过于强烈的负面情感却引发众怒，很多人直呼恐怖、低俗，该广告最终被迫撤下。由此可见，过度渲染消极情感非但无助于广告传播，反而会引起受众反感，最终损害品牌形象。

图7-51　中国石化四川石油分公司推出的加油站公益广告（图片来源：AIGC生成）

图7-52　世界自然基金会（WWF）的公益广告（消极情感）
（图片来源：https：//www.wwfchina.org/）

但我们也应看到，在特定语境下，适度运用消极情感也能收到良好的效果，引发受众的深思。关键在于把握尺度，要避免过犹不及。例如图7-52世界自然基金会（WWF）的公益广告，便以垂死的北极熊形象唤起人们的恻隐之心，形象生动地揭示了气候变暖的危害。广告没有血腥的场面，却以悲悯的情怀引发深思，令人警醒。可见适度利用消极情感，能彰显问题的严峻性，从而唤起社会的关注。

图7-53亚洲创意节的公益广告，以隐喻的手法揭示了家庭暴力的恐怖性。广告没有展现血腥的场景，只是以简约的视觉隐喻，生动刻画了一双女性的手，无名指上戴着创可贴做成的戒

图7-53 反对家庭暴力公益广告（图片来源：AIGC生成）

指。广告没有过度渲染，却令人心惊肉跳。由此，广告在悲悯情感中引发共鸣，在见微知著处发人深省，令人警醒的同时，也给人留下思考、诠释的空间。由此可见，消极情感的运用要有度。

消极情感诉求需要慎之又慎。要立足问题导向，给人以希望和启示，而非一味地制造紧张；要在细微处见真章，在留白处耐人寻味。只有在积极与消极的辩证关系中把握分寸，才能既震撼人心，又启迪心智。

7.7.4 情感诉求的创意表现技法与实践要点

（1）讲故事：用故事情节唤起情感体验

故事，是人类表达情感、传递价值观的重要方式。一个好的故事，往往能让人身临其境、感同身受，在潜移默化中接纳作者的观念和立场。将这种讲故事的方式运用到广告创意中，常能收到润物无声、感人至深的效果，尤其是在塑造情感体验、引发共鸣方面。

以泰国的一则经典催泪广告为例。杂货店老板帮助一个为生病母亲偷药的小男孩，送药和汤品。30年后，杂货店老板生病，女儿变卖店铺筹医药费，昔日男孩已成为医生，结清费用来报恩。广告以简单质朴的故事，讲述了关于爱与善良的寓言。没有大段说教，却在潜移默化中感动了无数人。正是凭借简约而不失细腻的叙事，广告将博爱、善良等情感体验艺术化地呈现，令人动容不已。

类似的还有百事可乐的《把乐带回家》系列广告。一个个温馨感人的小故事：儿子张罗拍全家福、带父母旅游，只为补偿父母；女儿戴着爷爷的老花镜，只为让爷爷感受孙辈的关爱。广告没有华丽的画面，只是以一个个家庭小故事串联起来，却让人倍感亲切与感动。饱含亲情的故事情节感染了无数人，也让百事可乐的年味内涵深入人心。讲故事在塑造情感体验方面具有独特的优势。

（2）塑形象：用感性形象引发情感共鸣

在视觉时代，形象往往比语言更能直击人心。一个鲜明的视觉形象，常能唤起人们丰富的情感体验。因而在广告创意中，塑造感性形象也是表达情感诉求的重要方式。通过人物、景物等视觉元素的巧妙设计，能让情感更具体、更生动，并引发受众的代入感和共情。

图7-54 家乐福超市（图片来源：AIGC生成）

家乐福超市平面广告《爸爸的时间都去哪了》（图7-54），以父女的形象设计感动了无数人。广告采用拼贴的形式，将一个疲惫的中年男子和一个小女孩拼贴在一起，传神地再现了爸爸的时间都献给了女儿的广告内涵。这个创意十足的视觉隐喻，生动诠释了父爱的伟大，令人动容。正是凭借鲜明感人的形象设计，广告将亲情诉求推向高潮，赢得了广泛的好评。

国民品牌水井坊（图7-55）父子传承的系列海报，从两代人的角度表达水井坊传承的白酒文化。一个是身着长衫、须发苍苍的父亲，一个是身着学生装、意气风发的儿子，两代人的形象交相辉映，将传承的内涵表现得淋漓尽致。广告以民国复古风的人物造型，生动再现了父子的情感脉络，将白酒文化的传承内涵表现得入木三分。由此可见，以形象塑造烘托情感内涵，往往能收到事半功倍的效果。

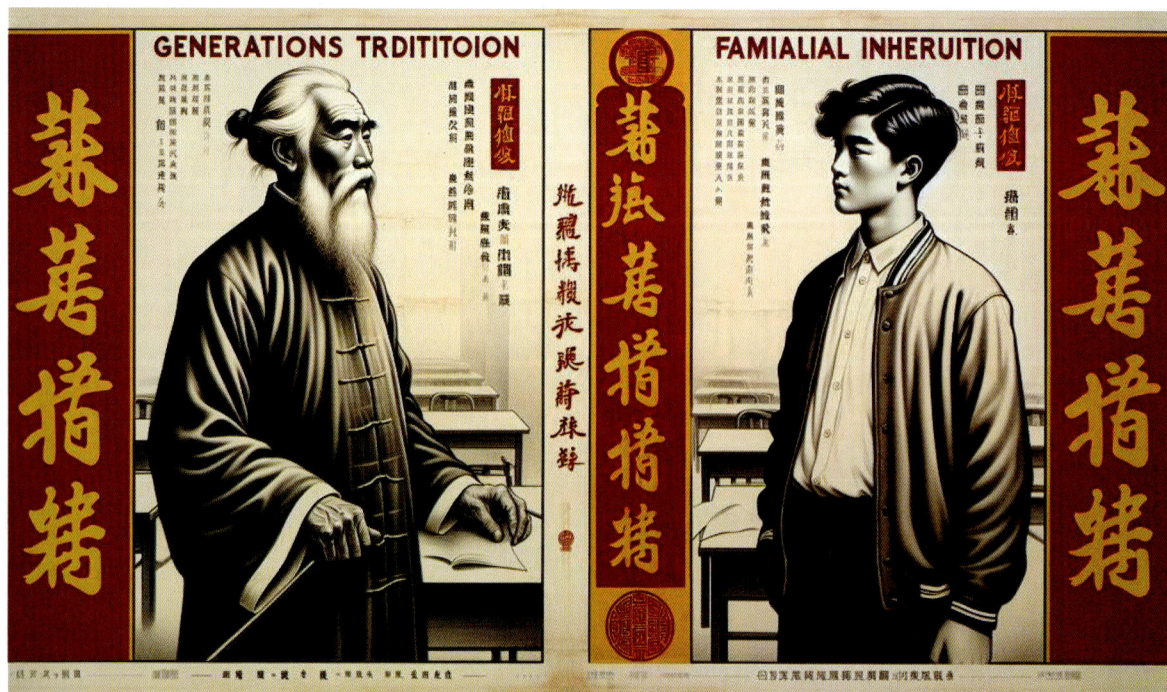

图7-55 水井坊父子传承系列海报（图片来源：AIGC生成）

（3）营氛围：用意境渲染引起情感感染

情感的表达，不仅可以直白地呈现，还可以通过意境的渲染来烘托。意境是指作品通过形象描绘所表现出的精神境界和情调气氛，是一种含蓄委婉而又引人遐想的艺术表现手法。在广告创意中，以意境来烘托渲染情感基调，往往能达到余韵悠长、引人深思的艺术效果。

地产品牌万科曾推出园林家系列平面广告（图7—56），以东方意境营造诗意盎然的居住情怀。一组古典园林的水墨意象，配以一城山水半城湖、院藏青山觅幽居等富有诗意的文案，将返璞归真、亲近自然的情怀娓娓道来。广告中的每一个意象，都蕴含着丰沛的情感寄托：粉墙黛瓦寓意恬淡闲适，小桥流水象征静心修身。正是通过层层意境的铺陈，广告将现代人的居住理想表现得淋漓尽致，也让万科的人文情怀深入人心。

图7-56　万科园林家平面广告（图片来源：AIGC生成）

图7—57兰蔻极光焕白精华液广告中，梦幻飘逸的背景，优雅灵动的舞者，晶莹剔透的水滴，共同交织出一个水漾之美的意境。在这梦幻灵动的意境中，兰蔻唤醒肌肤光芒的护肤主张被赋予了诗意的外衣，那种对美好肌肤、美好人生的憧憬被具象化了。可以说，恰到好处的意境渲染，让兰蔻抽象的品牌理念变得可感、可触，极大地丰富了受众的情感体验。

图7-57　兰蔻极光焕白精华液平面广告（图片来源：AIGC生成）

（4）巧借势：借助节日、事件、人物等制造情感共振

在生活中，人们的情感常常因特定的事物而被触发、被放大，进而产生共鸣。巧妙利用这些事物，广告可以轻松调动受众的情感体验。节日、事件、名人等，往往就是最能牵动人心的情感触发点。在广告创意中，借势这些元素，往往能不费吹灰之力地引爆受众的情感共鸣，达到事半功倍的效果。

飞鹤奶粉曾推出《陪伴是最长情的告白》六一儿童节广告，借助节日制造温馨感人的亲子共鸣。广告以几组父母陪伴孩子成长的瞬间，勾勒出美好陪伴、伴儿成长的动人画卷。温馨的亲子互动，加上六一儿童节的节日氛围，共同唤醒了受众心中最柔软的情愫。正是借助六一儿童节这一情感触发点，飞鹤将亲情诉求推向高潮，彰显了更适合中国宝宝体质的品牌主张。由此，飞鹤的亲民形象和品牌美誉度都得到了空前提升。

情感表现法以其在感染力和渗透力方面的突出表现，已然成为广告创意的制胜法宝。在当今注意力稀缺、审美多元的传播语境下，以情感为纽带，可以轻松走进受众心里，引发共鸣，传递品牌价值。情感表现法可谓多种多样，各具特色。亲情广告以其温馨感人的故事，诉诸人心最柔软的部分；爱情广告则以浪漫甜蜜的氛围，满足人们对美好爱情的向往；公益广告则常以悲天悯人的情怀，彰显崇高的社会理想。无论何种情感类型，都能通过贴近生活的叙事，引发受众的代入感，进而唤起受众的情感共鸣。这种"情感体验"远比单纯的说理更能打动人，也更利于塑造鲜明的品牌个性。

7.8 广告摄影表现法

广告摄影表现法（上）

广告摄影表现法是一种艺术与技术的融合，旨在通过视觉媒介有效传递广告信息，吸引目标受众并促进品牌识别。这种表现法涉及多种技术和创意策略，从精确的光线处理到创意构图，每一个环节都旨在突出产品的特点和吸引力，同时激发消费者的情感反应。广告摄影的核心在于如何通过图像讲述故事，传达品牌的独特价值，并使广告内容在竞争中脱颖而出。

7.8.1 广告摄影基础

（1）写实表现法

它是通过真实且详细的视觉呈现来增强产品的可信度。这种方法着重于展示产品的实际外观和功能，通常用于强调产品的质量和设计细节。在广告摄影中，写实表现法是一种核心技术，其主要目的是通过精确和真实的图像再现来传达产品的具体特征。这种方法强调对产品细节的忠实展示，突出其实用性，以提高消费者对产品质量的信任感。通过高度真实的视觉表现，写实表现法使产品在潜在客户心中留下深刻且正面的印象，从而促进客户的购买决策。

（2）特征表现法

在广告摄影中，特征表现法是一种强调产品特定属性或卖点的技术，通过艺术化或夸张的手段，突出这些特征以吸引目标受众的注意力。这种方法不仅增强了产品的视觉吸引力，而且通过强调其独特性，提高了广告的效果和影响力。

案例分析：运动鞋的灵活性和轻盈性可以通过将鞋子悬挂在空中或展示运动员在极限动作中的实际穿着情况来体现，使其功能特性在视觉上得到强化。汽车的动力和流线型设计则可以通过在动态环境中拍摄，例如高速公路或专业赛道，结合动态模糊和精准对焦来传达速度与性能。

通过这些方法，特征表现法不仅增加了产品的吸引力，也加深了消费者对产品特性的理解和记忆，有效地支持了广告的最终目标——推动销售和建立品牌忠诚度。

（3）对比表现法

它是利用对比强调产品的优势，例如通过与竞争产品的对比，突出自身产品的特点和优势。对比表现法不局限于直接的产品对比。它还可以涵盖更广泛的对比，比如使用前后对比，展示产品使用前的问题与使用后的效果，这种方式在清洁产品或美容产品的广告中尤为常见。此外，情感对比也是一个强有力的工具，可以展示产品带来的情感变化，例如从焦虑到安心的情绪转变。

（4）以点代面法

它是选取产品的一个关键特征或部分来代表整体，通过这一点来突显产品的核心价值或主题。以点代面法在视觉艺术中使用效果较好，尤其是在需要传达复杂概念或多个产品特性时。通过聚焦一个象征性的细节或特征，比如汽车广告中聚焦仪表盘或车轮以代表全车的性能或设计，可以集中消费者的注意力，同时通过这一点揭示更广泛的产品信息。这种方法不仅简化了视觉表达，也提升了信息的传递效率。

（5）情绪与环境的融合

广告摄影表现法也经常利用情绪和环境的融合来加强产品的吸引力。通过将产品放置在引发情感共鸣的场景中，比如家庭聚会、冒险旅行或专业工作环境，摄影师可以无声地传递产品的适用性和情感价值。它使产品不再是孤立的，而是成为消费者生活方式的一部分。

（6）情境摄影

通过创造一个故事背景，其中产品是解决问题或改善生活的关键，广告可以更直接地与消费者的实际需求对话。例如，一个户外运动装备的广告可以展示在极端天气条件下的使用场景，强调其耐用性和安全性。

（7）情感呼应

在广告摄影中融入情感元素，比如幸福、安全或激动等，可以增强广告的感染力。摄影师通过捕捉人物的表情、互动或反应来强化这种情感的传递，使广告不仅是商品的展示，更是一种情感体验的分享。

7.8.2 创意摄影技巧

在广告摄影中，创意技巧的运用是提升作品吸引力和表现力的关键。摄影师通过各种视觉和技术手段，创造出既具有视觉冲击力又能有效传达广告信息的图片。以下是一些提升广告摄影效果的创意摄影技巧。

改变拍摄角度和透视可以给观众带来新鲜感，使平常的场景变得不同寻常。从高角度、低角度或使用鱼眼镜头等不同的视角来捕捉对象，可以大大改变图片

广告摄影表现法（下）

的视觉效果。例如在食品广告中，从正上方拍摄一桌丰盛的餐点，可以展示食物的丰富性和多样性，增强视觉吸引力。

使用快速快门速度捕捉动态场景，如液体飞溅、人或物体的运动，可以增添广告的动感。例如在汽车广告中，通过高速快门捕捉飞驰而过的汽车，配合动态模糊的背景，强调速度和性能。

通过创意照明技巧，可以控制图片的情绪和焦点。使用背光、侧光或彩色光源，以及创造性地运用阴影，可以增加图片的戏剧性和层次感。在时尚摄影中，通过强烈的侧光来塑造模特的轮廓和肌肉线条，可以创造出强烈的视觉冲击。

通过增强色彩对比度和饱和度，可以使图片更生动，更容易抓住受众的注意力。在广告宣传海报中，使用鲜艳的色彩对比，例如红色和绿色的对比，可以突出产品特点。

在广告摄影中，后期处理是不可或缺的环节。通过软件调整图像的色彩、对比度、亮度和饱和度，甚至进行数字合成，创造出无法直接拍摄到的场景。在科技产品的广告中，可以通过数字合成技术将产品置入未来城市或太空环境中，从而展示产品的前沿科技感。

在广告摄影中，可以运用一系列技巧来提升广告的吸引力和表现力。通过这些创意摄影技巧的应用，广告摄影师不仅能够提高作品的艺术性和专业性，而且能更有效地传达广告的核心信息，吸引目标受众的注意力，从而达到更好的广告效果。这些技术的运用需要摄影师通过不断实验和创新，以适应不断变化的市场和消费者需求。

图7-58水果的鲜活展示，将无色鞋油或凡士林涂于水果表面，然后喷水，防止水滴滑落，使水果看起来更加新鲜诱人。通过使用盐水浸泡切开的水果，延长其新鲜外观的展示时间，便于摄影构图。通过在蔬菜或熟食上涂抹少量食用油，增加其新鲜出炉的光泽感，使食物看起来更加可口。使用干冰和水的混合物制造烟雾或蒸汽，通过控制其密度和分布，增强拍摄画面的戏剧性和视觉冲击力。

图7-58　水果的鲜活展示（图片来源：https://www.baidu.com/）

7.8.3 情感与故事叙述在广告摄影中的运用

广告摄影不仅是展示产品，更是讲述故事和传递情感。摄影师通过构图、光影和色彩搭配，能够在无声之中讲述引人入胜的故事。在广告摄影中，情感和故事叙述的力量不可小觑。通过有效的视觉叙事，摄影师不仅能展示产品本身，更能传递深层次的情感，引发受众共鸣，建立起受众与品牌之间的情感联系。这种策略可以极大地增强广告的吸引力，使产品不仅被记住，更被爱戴。

故事可以激发情感，而情感是驱动购买决策的重要因素。通过讲述一个与受众生活经验相呼应的故事，广告可以更有效地与观众建立情感连接，增强品牌的吸引力。

光影不仅能够塑造物体的形态，还能传递情感。明亮的光线可以传达开朗和积极的情绪，而阴暗的光线则可能渲染神秘或沉思的氛围。摄影师可以通过控制光线的强度、方向和色温来增强故事的情感表达。

色彩具有强大的情感表达能力。温暖的色调通常与舒适、安全感相关联，而冷色调可能传达冷静或悲伤的情绪。在广告摄影中，摄影师可以通过色彩选择来表现故事的情感基调，促使广告传达更为丰富和准确的情感信息。

第8章 人工智能在广告创意与表现中的应用

人工智能（AI）在广告创意和表现领域引发了深刻变革，为广告行业带来了前所未有的机遇。通过数据驱动的创意开发、个性化用户画像、精准投放和优化策略，人工智能使广告商能够更加精准地了解受众，定制符合需求的内容，并持续提升广告投放效果。文案生成、图像创作和视频生成等创新技术也大幅提升了创作效率和质量，为广告行业注入了新的活力。广告业需要建立完善的伦理规范和原则，同时加强人才培养和技术创新，确保人工智能在广告创意和表现中负责任的使用，从而实现广告行业的可持续发展。

8.1 人工智能与广告行业的革新

人工智能（AI）正以前所未有的速度重塑广告行业，为广告设计、定位和投放带来了革命性的变化。AI技术能够分析大量数据，提供关于消费者行为和偏好的深入分析，帮助广告商创作更加个性化、精准和有效的广告。然而，这一变革同时也伴随着新的挑战。

AI可以通过数据分析和算法，发现受众偏好和市场趋势，为创意人员提供灵感和建议，提高创意效率（图8—1）。同时，AI也能突破人类认知的局限，为广告创意带来全新的思路和方式。

利用AI，广告主可以更好地了解目标受众的兴趣爱好、行为习惯等，从而进行精准的受众划分和个性化的广告投放，提高广告的转化率和投资回报率。

AI可以实时分析并优化广告的投放时间、渠道和内容等，从而使广告的曝光和效果最大化（图8—2）。同时，AI还可以根据用户行为和市场反馈，动态调整投放策略，提高广告投放的效率。

随着越来越多的个人数据被用于广告定位，如何保护用户隐私和数据安全已成为重大挑战。广告投放需要收集和处理大量用户数据，这就带来了用户隐私和数据安全的风险。如何在利用数据的同时保护用户隐私权，是广告行业需要解决的重要问题。

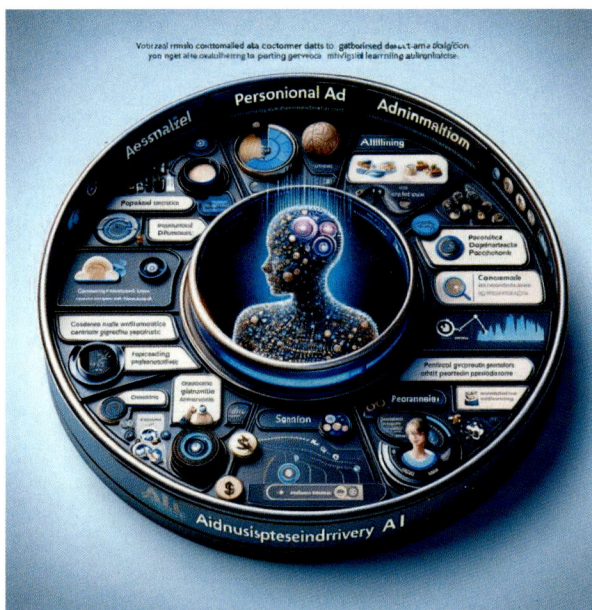

图8-1 AI数据分析和算法示意图
（图片来源：AIGC生成）

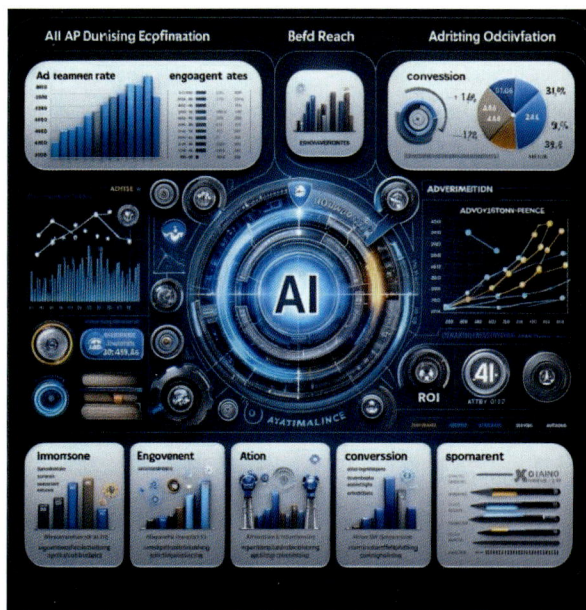

图8-2 AI实时分析数据示意图
（图片来源：AIGC生成）

8.2 数据驱动的创意开发

在人工智能时代，数据已成为广告创意开发的重要驱动力。通过对海量数据的分析和挖掘，广告商可以深入了解消费者的行为和偏好，从而创造出更加精准、个性化的广告内容。

在当今的数字化时代，数据已经成为推动创意和创新的强大驱动力之一。数据驱动的创意开发依赖于对大量数据的分析和理解，进而产生新的创意和解决方案。这样不仅可以提高创意的效率和有效性，还能确保创意更加贴合目标市场和用户的需求。

8.2.1 大数据分析

大数据分析是数据驱动创意开发的基础。广告商可以收集和分析各种类型的数据，例如消费者的人口统计学数据、行为数据、社交媒体数据等，以获得对目标受众的全面了解（图8-3）。

通过对这些数据的分析，广告商可以发现消费者的兴趣爱好、购买行为、媒体接触习惯等，从而

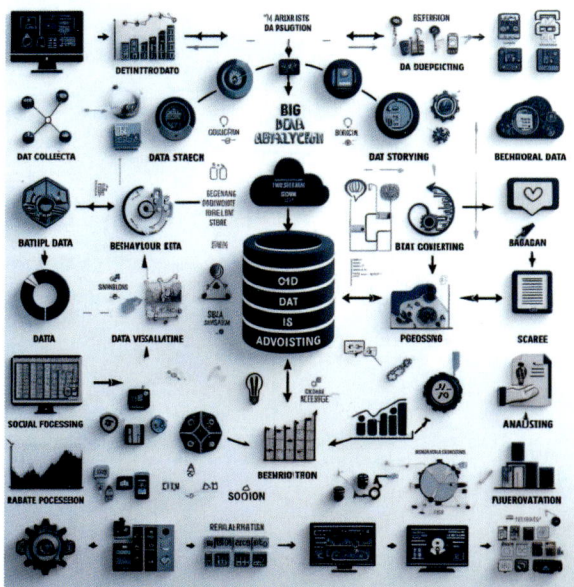

图8-3 大数据收集和分析示意图
（图片来源：AIGC生成）

为创意开发提供重要依据。例如，通过分析消费者的搜索记录和浏览历史，广告商可以了解消费者对特定产品或服务的需求和痛点，进而创作出更具针对性的广告内容。

8.2.2 个性化创意

在完成消费者大数据分析的基础上，广告商可以利用人工智能技术，实现广告创意的个性化和定制化。个性化创意是根据消费者的特定属性和偏好，为其量身定制广告内容，以提高广告的吸引力和转化率。

例如，利用AI生成一张图片，展示数据驱动创意开发的概念。这张图将描绘大数据分析和个性化创意结合的场景，图8-4中一个团队正在使用大型显示屏分析用户数据，以生成个性化的创意解决方案。

图8-4　通过大型显示屏分析用户数据（图片来源：AIGC生成）

这张图片展示了一个创意团队如何通过分析大量用户数据来驱动个性化创意的开发。团队成员围绕着显示用户数据的大屏幕开展讨论，从中寻找灵感和创意解决方案。这个过程体现了如何将原始数据转化为有针对性的创意策略，充满了创新和活力，是数据驱动创意开发的精髓所在。

8.3　AI在内容创作中的应用

随着人工智能技术的不断发展，AI已经开始在内容创作领域发挥重要作用。无论是文字、图像还是视频，AI都可以为内容创作提供有力支持，帮助创作者提高效率，激发创意灵感。下面将介绍AI在内容创作中的三个主要应用场景。

8.3.1　文案生成

文案生成是AI应用于内容创作的一个典型场景。通过训练大量的文本数据，AI可以学习文字表达的规律和模式，并尝试自主生成新的文案内容。

AI文案生成的优势在于高效性和创意启发。一方面，AI可以根据提供的关键词和主题要求，快速生成大量文案草稿，节省创作者的时间和精力。另一方面，AI生成的文案往往会包含一些出人意料的表达方式，为创作者提供新的灵感和思路。图8-5是一则AI生成的广告文案示例。

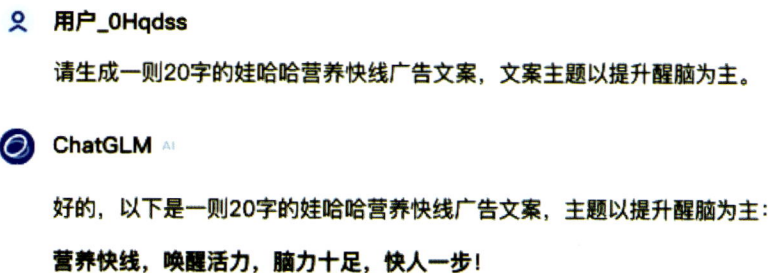

> 👤 **用户_0Hqdss**
>
> 请生成一则20字的娃哈哈营养快线广告文案，文案主题以提升醒脑为主。
>
> ◎ **ChatGLM** AI
>
> 好的，以下是一则20字的娃哈哈营养快线广告文案，主题以提升醒脑为主：
>
> **营养快线，唤醒活力，脑力十足，快人一步！**

图8-5　AI生成的广告文案示例（图片来源：AIGC生成）

AI生成的文案也存在一些缺陷和局限性。由于缺乏真正的理解能力，AI生成的内容可能会出现逻辑混乱、语义不通等问题。同时，AI也难以完全掌握人性化的表达，难以生成具有深刻内涵和感染力的优秀文案作品。因此，AI文案生成目前主要被用于辅助创作，而非完全取代人工创作。

8.3.2　图像生成

在图像内容创作领域，AI展现出了强大的能力。通过对大量图像数据进行训练，AI可以学习图像像素的分布规律，并生成全新的图像内容。

AI图像生成的典型应用是根据文字描述生成对应图像（图8-6）。用户只需输入一段文字描述，AI就可以基于所学习的知识，绘制出与描述相符的图像。这种技术不仅可以用于创意设计，还可以辅助视觉交互、图像编辑等多种场景。

除了基于文字描述生成图像之外，AI还可以尝试生成全新风格的艺术图像，为创意设计提供无限可能（图8-7）。一些AI艺术家正在探索如何利用AI生成技术创作独特的艺术作品。

图8-6 AI图像生成示例
（图片来源：AIGC生成）

图8-7 AI生成全新风格的艺术图像
（图片来源：AIGC生成）

8.3.3 视频生成

在内容创作领域，视频是继文字和图像之后的又一全新赛道。AI技术已经开始在视频生成方面展现出巨大潜力。AI视频生成技术可以根据文字脚本，自动生成相应的短视频内容。用户只需提供简单的场景、人物、对话描述，AI就可以生成一段与之匹配的短视频画面。

例如，输入以下视频脚本。一个穿着白大褂的医生走进病房，微笑着对躺在病床上的老奶奶说："您的身体恢复得很好，再过几天就可以出院了。"AI可以根据这段文字描述，生成相应的视频画面（图8-8）。

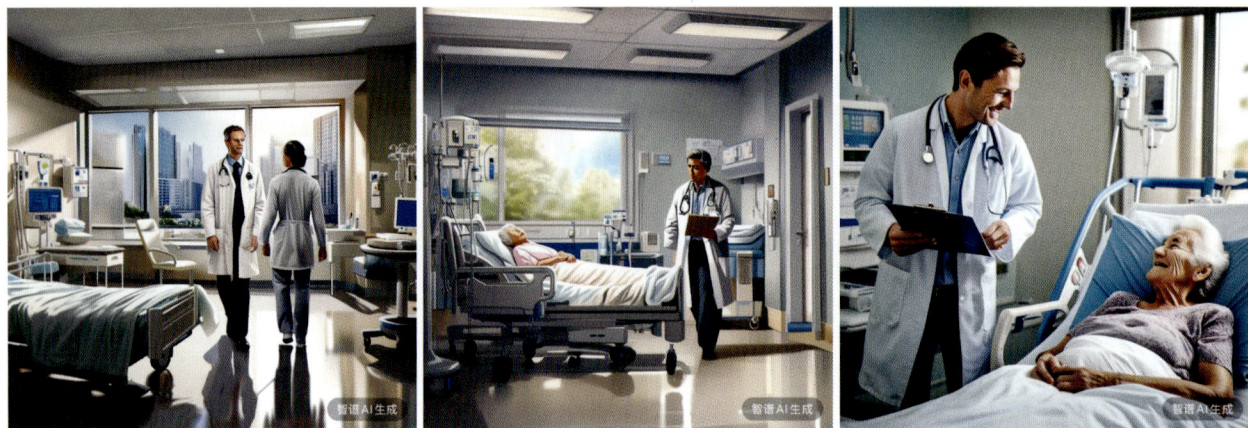

图8-8 AI视频生成示例（图片来源：AIGC生成）

AI视频生成技术还可以用于创建个性化的数字人像（图8-9）。用户上传自己的照片和语音，AI可以生成一个与之对应的虚拟人物形象，并根据用户的文字输入生成相应的视频内容。

除此之外，AI也可以基于现有的视频素材，生成全新风格的视频作品。通过对视频中的运动、色彩、纹理等元素进行分析和重组，AI可以赋予原有视频全新的艺术效果，产生具有创意的视频作品。AI视频生成技术正在为内容创作带来全新的可能性，它将助力创作者提高工作效率，激发无尽的创意。尽管AI的创作能力目前仍有局限性，但作为创作者的助手和创意启发来源，AI正在改变传统的内容创作模式，开拓内容创作的新领域。未来，随着AI技术的进一步发展，内容创作领域必将掀起新的变革浪潮。

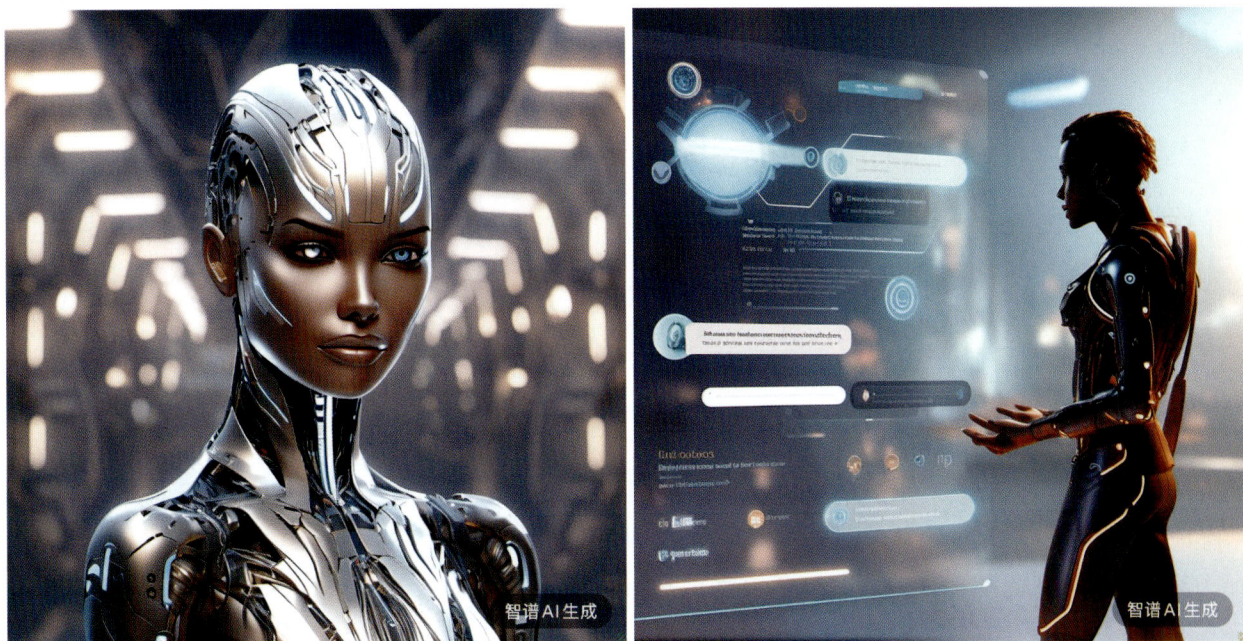

图8-9　AI生成数字的人像（图片来源：AIGC生成）

8.4　个性化广告与AI

当今数字营销时代，个性化广告已成为吸引用户注意力、增强广告效果的重要手段。人工智能技术的发展为实现精准、高效的个性化广告投放提供了强大的支持。下面将重点介绍AI在个性化广告中的两大应用：用户画像和精准投放。

8.4.1　用户画像

用户画像是个性化广告创作的基础。它通过收集和分析用户的人口统计学信息特征、兴趣爱好、行为数据等，构建出用户的多维度特征模型，从而分析用户的需求和偏好。AI技术可以帮助广告主自动收集和处理海量用户数据，并利用机器学习算法，发现用户行为模式和偏好特征，构建出更加精准、立体的用户画像。图8-10是一个AI生成的用户画像示例。

👤 用户_0Hqdss

请生成一个用户画像，包括用户的基本属性、兴趣爱好、购买行为等多个维度

✦ AI画图

要生成一个用户画像，我们需要考虑多个维度，包括基本属性、兴趣爱好、购买行为等。以下是一个示例：

1. 基本属性：
   - 姓名：张三
   - 性别：男
   - 年龄：28岁
   - 职业：互联网公司产品经理
   - 居住地：北京
   - 学历：本科

2. 兴趣爱好：
   - 旅游：喜欢探索新的地方，尤其喜欢户外徒步和摄影
   - 电影：热衷于观看各种类型的电影，特别是科幻和悬疑片
   - 音乐：喜欢流行音乐和轻音乐，偶尔也会听一些古典音乐
   - 阅读：喜欢阅读小说、历史书籍和自我提升类的书籍

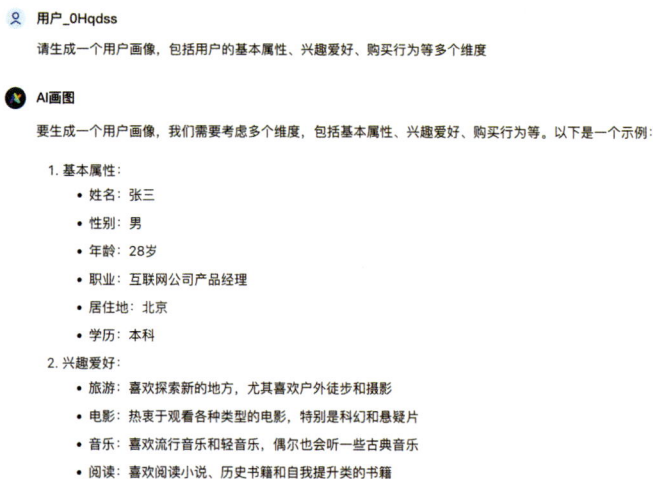

图8-10　AI生成的用户画像示例（图片来源：AIGC生成）

传统的用户画像构建方式存在数据来源单一、分析维度有限等弊端。而AI则可以从多渠道获取用户数据，并通过机器学习算法自动挖掘隐藏的数据模式，实现跨数据、跨维度的智能分析和用户画像构建。

以食品电商为例，AI可以通过分析用户的人口统计学特征、地理位置、浏览购买记录、社交网络数据等，智能识别出不同用户群体的年龄、性别、居住地、消费能力、饮食习惯等特征，并形成立体多维的用户画像。

在图8-11中，AI从全局和局部两个维度勾勒出用户不同层面的特征信息。全局画像描绘该类用户的主体特征，例如25-35岁的自由职业者，热衷于追求健康生活等；局部画像则刻画个体用户的独特特征，例如喜欢地方特色美食和健康食品等偏好。广告主可以借助AI生成的精细化用户画像，深入了解不同人群的独特需求，从而制定具有针对性的定制营销策略，提高广告投放的精准度和转化率。

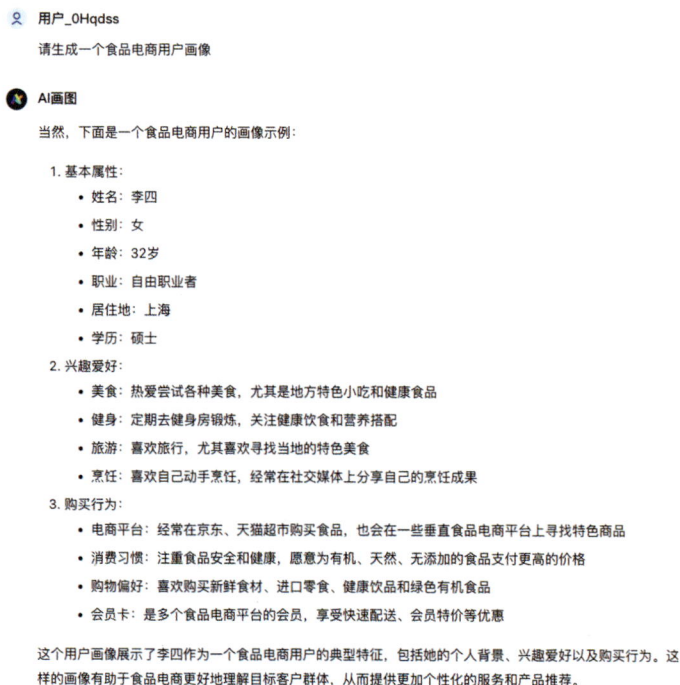

👤 用户_0Hqdss

请生成一个食品电商用户画像

✦ AI画图

当然，下面是一个食品电商用户的画像示例：

1. 基本属性：
   - 姓名：李四
   - 性别：女
   - 年龄：32岁
   - 职业：自由职业者
   - 居住地：上海
   - 学历：硕士

2. 兴趣爱好：
   - 美食：热爱尝试各种美食，尤其是地方特色小吃和健康食品
   - 健身：定期去健身房锻炼，关注健康饮食和营养搭配
   - 旅游：喜欢旅行，尤其喜欢寻找当地的特色美食
   - 烹饪：喜欢自己动手烹饪，经常在社交媒体上分享自己的烹饪成果

3. 购买行为：
   - 电商平台：经常在京东、天猫超市购买食品，也会在一些垂直食品电商平台上寻找特色商品
   - 消费习惯：注重食品安全和健康，愿意为有机、天然、无添加的食品支付更高的价格
   - 购物偏好：喜欢购买新鲜食材、进口零食、健康饮品和绿色有机食品
   - 会员卡：是多个食品电商平台的会员，享受快速配送、会员特价等优惠

这个用户画像展示了李四作为一个食品电商用户的典型特征，包括她的个人背景、兴趣爱好以及购买行为。这样的画像有助于食品电商更好地理解目标客户群体，从而提供更加个性化的服务和产品推荐。

图8-11　AI生成的用户全局和局部画像（图片来源：AIGC生成）

8.4.2　精准投放

构建完成目标用户画像后，广告主还需要将广告精准投放给最匹配的用户，这样才能实现个性化广告的最大价值。AI技术可以通过智能算法优化广告的匹配、排序和创意生成，实现广告的精准投放。

传统的广告定向依赖人工经验，难以覆盖所有影响因素。而AI可以基于丰富的用户画像数据，自动评估不同渠道、人群与广告内容的匹配程度，将广告投放给最有潜力的目标用户。

以母婴用品广告投放为例，AI可以根据用户的年龄、性别、居住地、收入水平及是否已育等因素，智能识别出高价值的母婴用品目标用户，并将广告精准投放给这部分用户（图8-12）。

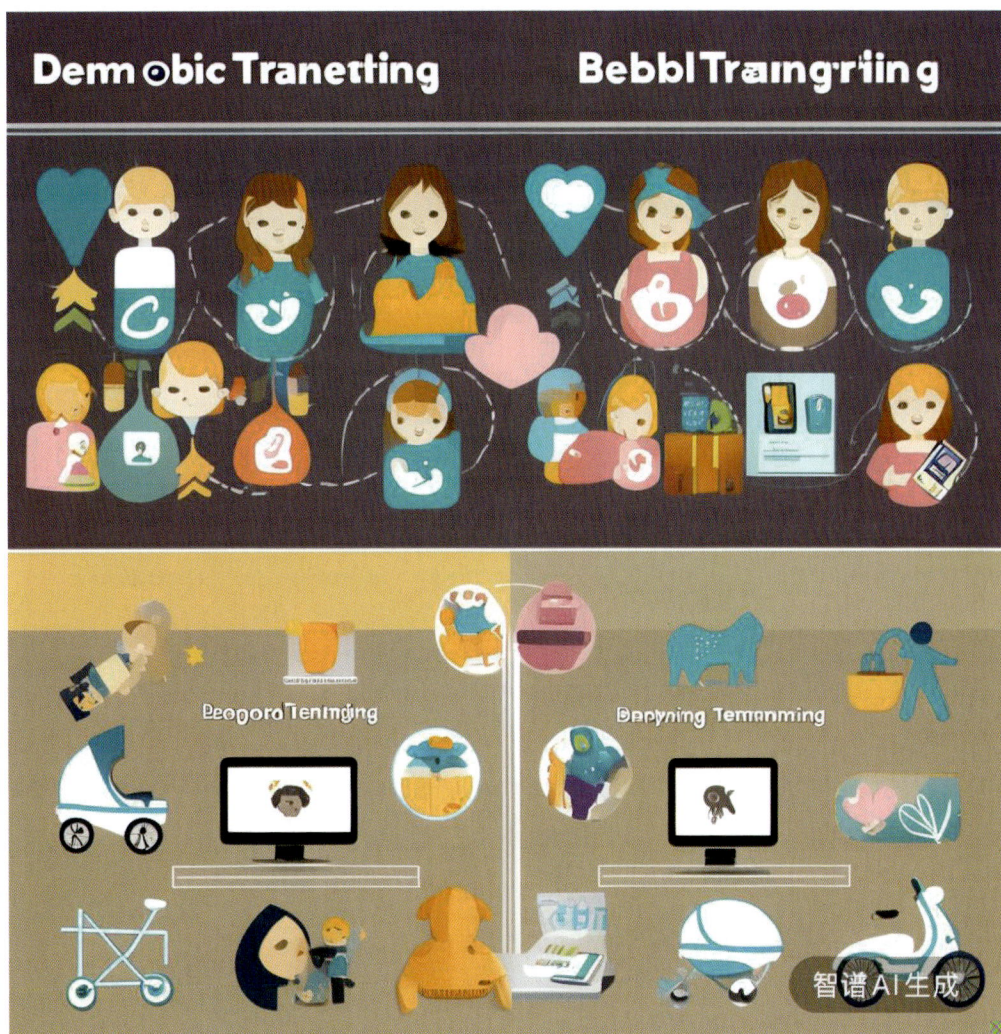

图8-12　AI生成的母婴用品广告（图片来源：AIGC生成）

当多个广告主竞价同一广告位时，AI可以基于历史数据，实时评估不同广告在该位置展示时对用户的吸引力、点击率等数据，从而对广告进行动态排序，确保投放效果最优。例如，当一位35岁已婚女性用户浏览母婴类页面时，AI会基于其用户属性和浏览习惯，从多个广告中智能挑选出最契合她需求和偏好的广告优先展示。

除了优化广告投放，AI还可以基于用户画像实时生成个性化的广告创意，包括文案、图像、视频等，从而提高广告内容的针对性和感染力。

通过AI算法的加持，广告主可以在合适的时间、地点，向合适的用户投放最合适的广告内容，最大限度提升广告效果和投资回报率。一项研究显示，与传统的广泛投放相比，AI驱动的个性化广告投放可以将点击率提高3倍，转化率提高5倍以上。

AI可以从大量的数据中学习广告创意的制作规律，并综合用户画像特征，自动输出最贴近目标受众审美和需求的广告创意，避免广告创意流于形式。AI是推动个性化广告投放的重要驱动力。从构建精细化的用户画像，到优化广告的投放策略、创意生成，AI全程为个性化广告注入智能动能，帮助广告主缩小与用户的"认知鸿沟"，更精准高效地传递广告信息，实现广告营销的最大价值。在未来，可以预见AI将会给个性化广告营销带来更多的创新与变革。图8-13展示了AI驱动的个性化广告投放流程。

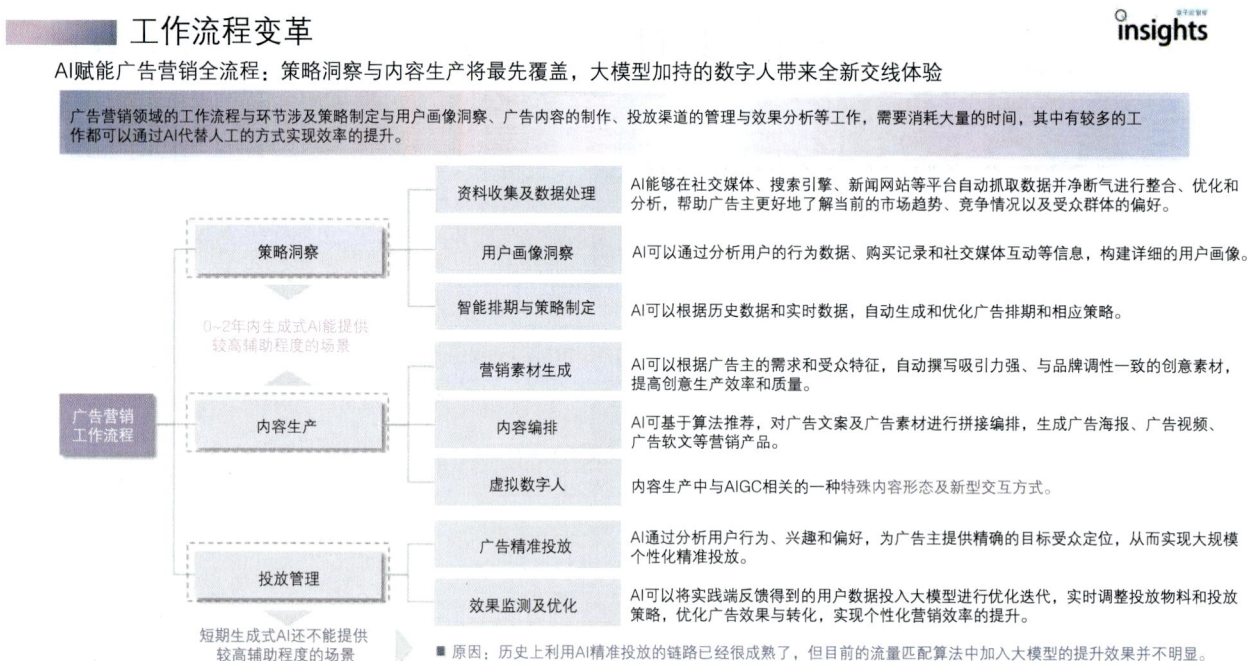

图8-13 AI驱动的个性化广告投放流程图（图片来源：https://www.163.com/dy/article/IP82QE8M051998SC.html）

8.5 AI在广告投放中的优化策略

随着数字营销时代的到来，广告主面临着海量数据和复杂多变的营销环境，传统的广告投放策略已难以应对。在这种背景下，AI技术为广告投放的优化提供了强有力的支撑。下面将重点介绍AI在优化广告投放时机、渠道和投放效果方面的应用策略。

8.5.1 投放时机优化

选择恰当的投放时机对于提高广告触达率和转化率至关重要。然而，不同用户的时间偏好差异巨大，很难通过人工经验来精准把控最佳的投放时机。AI则可以通过分析用户行为数据，智能预测个性化的投放时机。

（1）用户行为模式分析

AI可以基于用户的历史浏览、购买等行为数据，发现用户在不同时间段的活跃模式。通过对用户行为模式的分析，可以识别出用户最易被广告触达的"热区"时段。

以某购物App为例，AI发现25～35岁女性用户群体在每周五20：00～22：00期间的App活跃度最高，很可能是这部分用户的购物高峰期（图8-14）。因此，可以将服装、护肤品等相关广告投放集中在这一时间段，以提高广告触达的精准度。

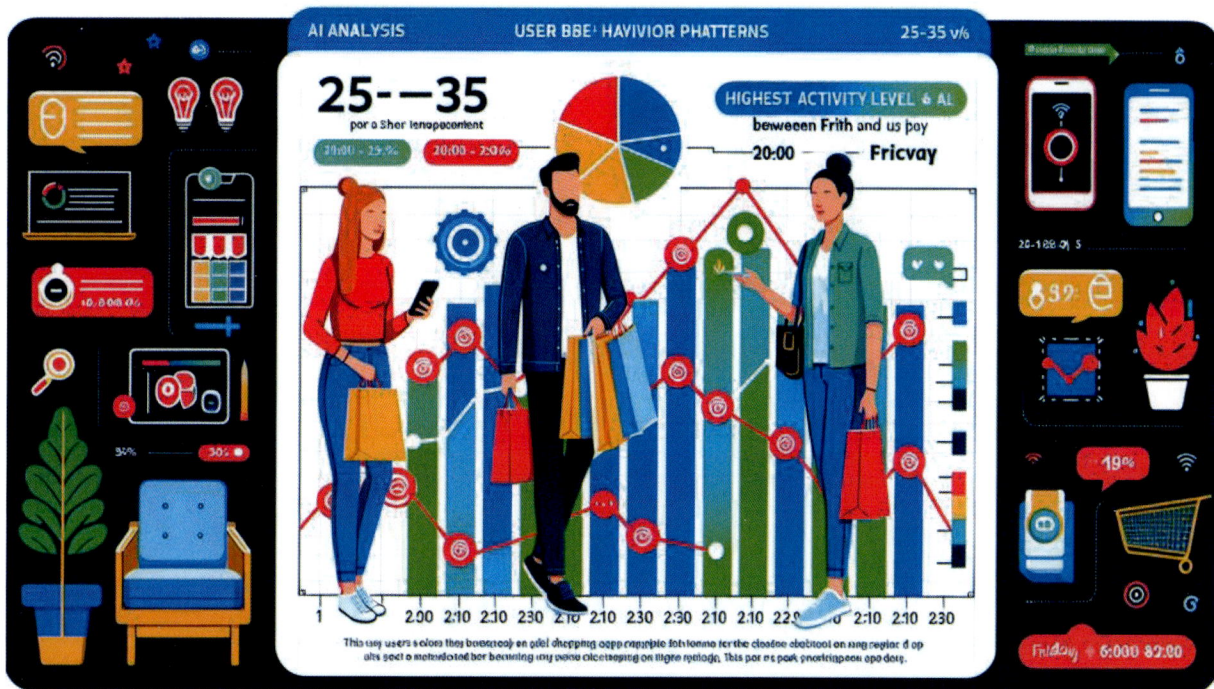

图8-14 25~35岁女性用户行为模式分析示意图（图片来源：AIGC生成）

（2）实时场景预测

AI还可以通过对用户实时环境和行为的监测，预测最佳的广告投放场景（图8-15）。比如当AI识别到某用户手机定位在美食街，并在餐饮类App中滑动页面时，可以立即投放当地餐馆的广告，抓住用户查找就餐信息的关键时机。通过时机和场景的双重把控，AI可以确保广告投放在最恰当的时间和地点，以提升广告的触达效果。

（3）用户时间偏好挖掘

AI可以对用户在不同时间段的历史浏览、互动、购买等行为数据进行深入挖掘，识别出用户对特定广告内容最感兴趣的高峰时段。例如，对于热衷于美食的用户群体，AI发现他们更倾向于在午餐和晚餐时段浏览美食类优惠信息。因此，餐饮广告的投放时机可以相应地集中在这些用餐高峰期，以获得更高的关注度。

（4）实时场景触发

除了基于用户历史行为数据分析投放时机之外，AI还可以根据用户的实时场景，动态触发最契合当

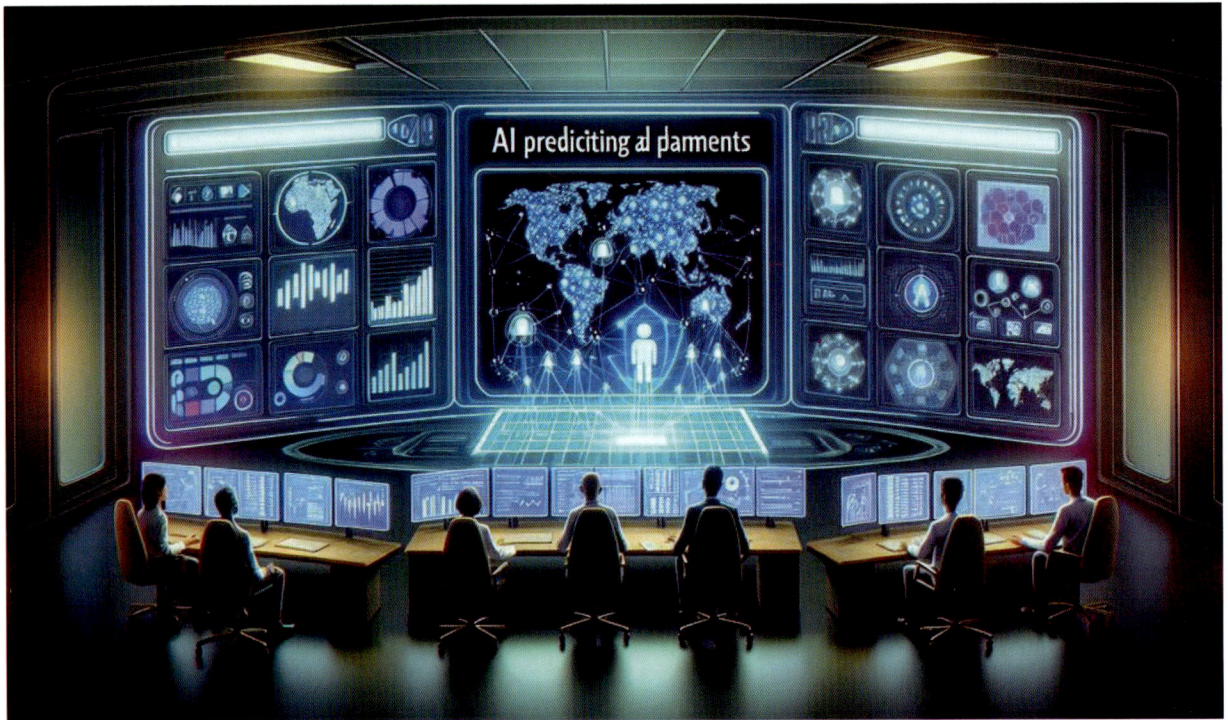

图8-15　广告实投放场景预测示意图（图片来源：AIGC生成）

下情境的广告。通过手机定位、智能设备传感器等获取用户当前的地理位置、行为状态等信息，AI可以判断用户所处的场景语境，并推送最匹配的广告内容。

例如，当用户进入商场时，AI会识别其所处的购物场景，随即向其推送该商场正在进行的促销广告；当用户在地铁上刷手机时，AI则会根据通勤场景，优先展示交通出行、新闻资讯等相关广告（图8-16）。

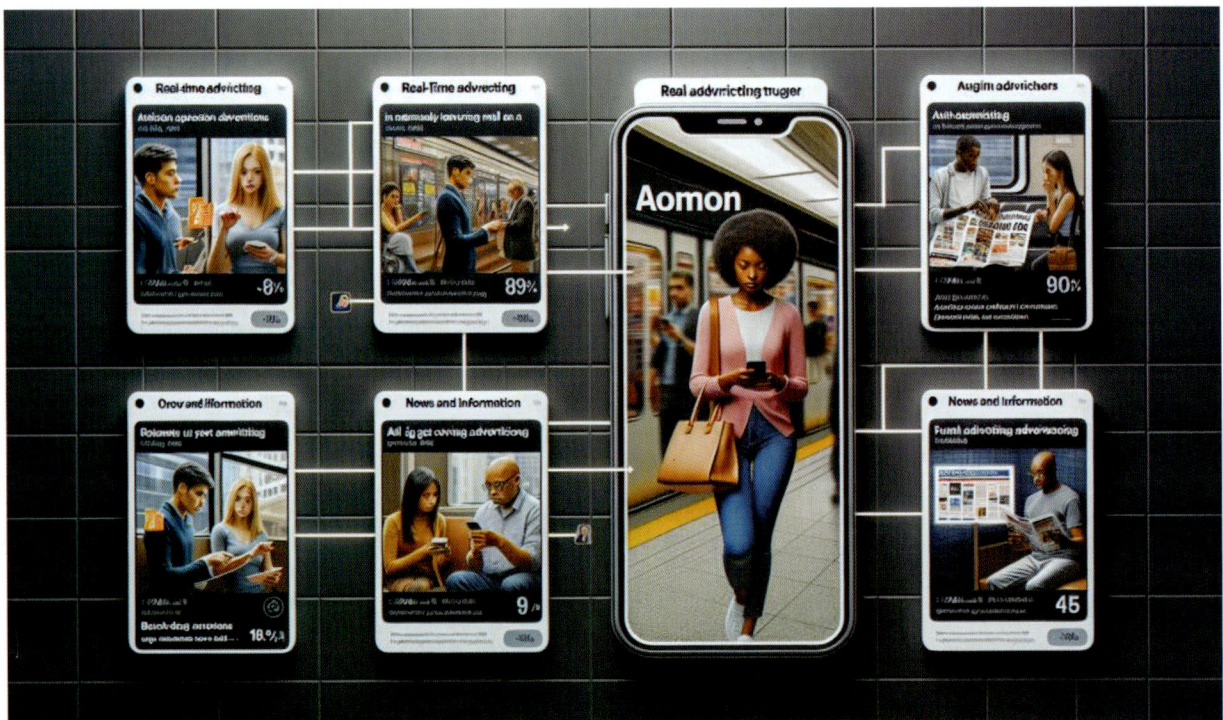

图8-16　用户的实时场景触发广告投放的示例图（图片来源：AIGC生成）

8.5.2 投放渠道优化

投放渠道的选择对于广告触达目标受众至关重要。在多元化的数字媒体时代，不同渠道的用户特征和使用习惯差异明显。AI可以通过对用户群体特征及其渠道偏好的分析，智能匹配最优的投放渠道。

(1) 渠道用户画像

AI可以对不同渠道的用户属性和特征进行画像分析，包括人口统计学特征、兴趣偏好、互动行为等，并与广告主的目标受众画像进行匹配，从而识别出最契合的渠道组合。

例如，AI发现年轻女性用户多集中在短视频和小红书等社交平台，而中年男性用户则更活跃于新闻资讯类网站。因此，对于美妆广告来说，短视频平台无疑是首选的投放渠道；而金融理财类广告则应优先选择资讯类门户网站。

(2) 跨渠道效果评估

广告主往往需要在多个渠道投放广告，但不同渠道的广告效果差异明显，且相互之间存在复杂的影响。AI可以建立跨渠道的广告效果评估模型，综合分析各渠道的广告投放效果，并进行联合优化。

例如，AI发现短视频平台的广告点击率虽然较高，但深度转化率偏低；而搜索引擎渠道虽然点击率不及短视频平台，但转化质量更高。基于此，AI可以建议广告主在短视频平台投放吸引型创意，以提升品牌认知度；而在搜索引擎渠道投放富信息的硬广，以刺激广告的深度转化。AI分析发现20—30岁年轻群体主要集中在社交媒体和短视频平台，因此可以将资金投放重点放在这两大渠道；而35岁以上的人群则偏好门户网站和新闻App，相应地也要加大在这些渠道的投放力度，实现跨渠道全覆盖。通过AI的高度智能化调配，广告主可以充分利用有限的营销资源，聚焦投放在实现广告价值最大化的渠道上，从而使整体投放效益最大化。

8.5.3 投放效果优化

衡量广告投放效果的最终指标是ROI（投资回报率）。AI可以通过对广告效果数据的实时监测和迭代优化，持续提升广告投放的投资回报率。

(1) 效果数据分析

AI可以针对不同广告活动的转化数据，例如点击率、下载率及购买转化率等，进行多维度分析，识别影响转化效果的各种因素，并对投放策略做出调整。

如图8—17所示，AI发现男性受众对汽车类广告的转化率普遍较高，且该受众群体更易被视频形式的广告所吸引。基于这一发现，广告主可以适当增加针对男性用户的汽车视频广告的投放量，提高整体转化效率。

(2) 效果数据实时监测

AI可以对各个渠道、广告创意的点击率、转化率及成本等效果数据进行实时跟踪，并设置效果预警机制（图8—18）。当某个渠道或创意的效果数据指标低于预期时，AI会自动预警，提示广告主及时止损或调整策略。

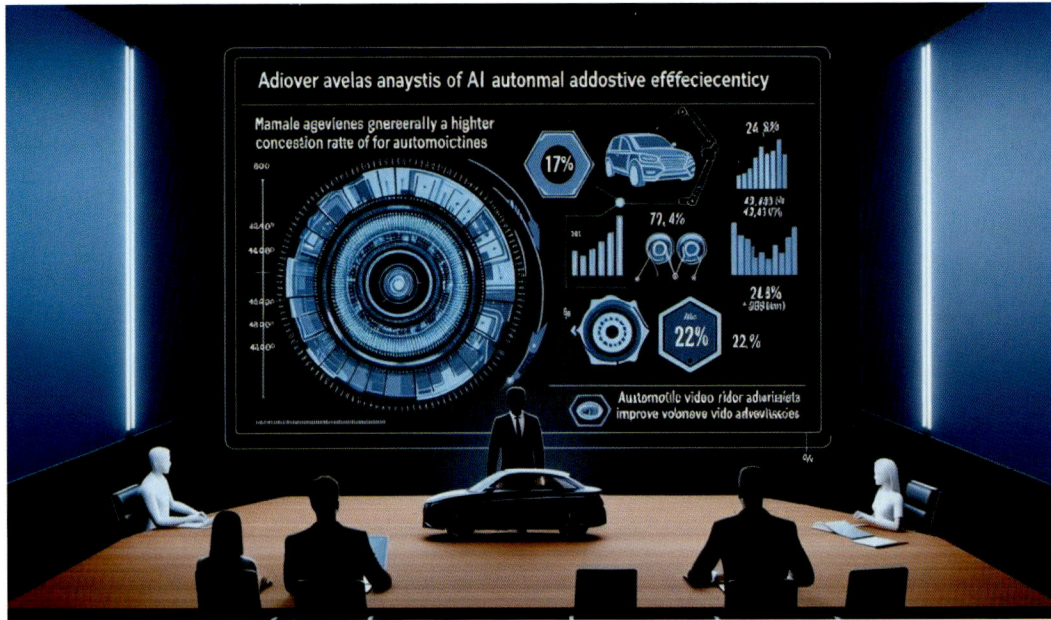

图8-17　效果数据分析示意图（图片来源：AIGC生成）

图8-18　效果数据实时监测示意图（图片来源：AIGC生成）

（3）智能调权优化

AI还可以在投放过程中，根据实时的广告效果反馈，自动调整不同维度的广告权重，包括受众人群、投放时段、创意形式和媒体渠道等，实现广告投放策略的持续优化。

如图8-19所示，当广告投放初期发现男性用户的点击转化率较高时，AI会自动提升面向该受众群体广告的权重；随后发现视频形式的广告效果更佳，于是AI又进一步加大视频广告的投放权重。如此实时的调权优化，确保AI可以始终按照最优策略推进广告投放效果。

图8-19　智能调权优化示意图（图片来源：AIGC生成）

通过AI技术的深度赋能，广告投放得以在时机、渠道、效果等多维度进行智能优化，在使广告精准触达目标受众的同时，也最大限度减少了无效投放，提升了广告营销的整体投资回报率。可以预见，未来AI将给数字广告投放带来更多革新，推动营销生态朝着智能化、高效化的方向持续演进。

（4）迭代优化投放策略

基于实时效果数据的反馈，AI可以通过机器学习算法不断调整和优化广告投放策略，并在广告投放过程中持续迭代。比如引入A/B测试来自动验证优化效果，自主探索更优的目标人群、出价策略和创意方案的组合。

例如，AI在优化一个游戏App的广告投放时，发现深夜时段的广告点击率和转化率意外地高。通过分析，AI识别出熬夜玩游戏的"夜猫子"玩家是一个价值被低估的潜力用户群体。于是，AI尝试加大深夜时段的广告投放力度，果然获得了明显的投资回报率提升。

AI正在广告投放的各个环节发挥着越来越重要的作用。从投放时机、渠道选择到效果优化，AI技术的运用使得广告投放更加精准、高效和智能。可以预见，随着AI与广告投放的进一步融合，数字广告将实现前所未有的精细化运营，为广告主带来更大的投资回报，为用户提供更加个性化和有价值的广告体验。

8.6　展望：AI在广告创意与表现方面的未来发展

随着人工智能技术的迅速发展和广泛应用，AI正在逐渐成为广告行业创新和变革的驱动力。从创意生成到目标受众分析，再到广告效果的优化，AI的作用不可小觑。未来，AI在广告创意与表现方面的应用将展现出更加广阔的前景。

AI与人类创意的协作是未来广告创意发展的一个重要方向。AI与人类创意团队在广告行业中的协作主要表现为：一方面，AI提供基于数据的洞察、创意建议和创新设计；另一方面，人类团队则围绕这些想法进行讨论和深化。这种融合AI技术和人类创造力的协作模式，不仅提高了广告创意的效率和创新性，还展现了AI和人类共同推动广告创意变革的巨大潜力。

AI技术，尤其是机器学习和深度学习，正在推动广告创意的革新。通过学习过去的广告案例和总结消费者的反馈，AI可以自动生成创意广告文案、设计创新的广告图像，甚至制作引人入胜的广告视频。这些由AI驱动的创意不仅新颖独特，而且能够迅速适应市场变化和消费者需求，为广告行业带来新的生机。

随着AI技术在广告行业的深入应用，伦理道德问题也逐渐成为人们关注的焦点。如何确保AI在广告创意和投放中的应用不侵犯消费者的隐私，不传播误导性的信息，不加剧社会的不平等，是未来广告行业需要解决的重要问题。因此，建立一套全面的伦理指导原则，确保AI技术的负责任使用，对于维护消费者权益和促进行业健康发展至关重要。

参 考 文 献

[1] 曹广，崔建成. 广告创意与设计[M]. 北京：清华大学出版社，2024.

[2] 王树良. 广告创意与表现[M]. 重庆：重庆大学出版社，2012.

[3] 史磊. 广告创意设计手册[M]. 北京：清华大学出版社，2020.

[4] 王红卫. AI创意商业广告设计：Adobe Firefly+Photoshop[M]. 北京：清华大学出版社，2024.

[5] 李金蓉. 广告设计与创意[M]. 2版. 北京：清华大学出版社，2020.

[6] 任莉. 广告设计与创意表现[M]. 北京：人民邮电出版社，2017.

[7] 孙亿文，王焱，傅洁，等. 广告创意与策划[M]. 北京：人民邮电出版社，2015.

[8] 刘春雷. 广告创意与设计：设计师必备广告策划手册[M]. 北京：化学工业出版社，2021.

[9] 闫承恂. 平面广告设计[M]. 北京：化学工业出版社，2021.